共感される政策を
デザインする

―公民連携による戸田市の政策づくりと教育改革―

牧瀬 稔／戸田市政策研究所／戸田市教育委員会 編著

はじめに

　現在は、「都市間競争」の時代である。10年前の戸田市政策研究所設置当時、このような言葉を使うと批判を受けることが多くあった。しかし、今では当たり前に認識される時代へと移り変わっている。この都市間競争の時代、自治体には一体何が求められているのだろうか。

　過去10年を振り返ると、自治体を取り巻く環境はこれまでにないスピードで激変してきた。特に、「消滅可能性都市」の衝撃から始まった「地方創生」の流れに関しては、人口減少を他人事として捉えていた自治体にとっても自分事として考えるきっかけとなり、全ての自治体が本気で未来の在り方を考える契機となった。

　一方で、この地方創生に関しては、自治体の「努力義務」として地方版総合戦略の策定に取り組んだ経緯もあり、これ自体で自治体間に大きな差は生じていないようにも感じられる。その理由としては、国から突然降ってきたという印象が強く、これからの自治体の在り方を考え抜くにはあまりにも短い時間であったことが影響しているのではないだろうか。また、目の前に発生した課題への「対策」に終始することとなり、これからの価値ある未来を「創生」するまでは至らなかったのかもしれない。

　この未来を描きづらい人口急減時代においては、今一度自治体の原点に立ち返り、「住民の福祉の増進」を目指して自治体が最も輝く政策を推進していくことが求められる。自治体にとって相応しい価値ある未来とは何か、成功のストーリーを明確に描き、未来を創り上げていくことが肝要である。そのためには、政策を着実に研究・立案・実行し、まちづくりの主体を行政だけに限定することなく、市民や議員、民間企業などとの連携によって推進していくことが必要である。

　本書では、戸田市における「政策づくりの仕組み」や「差別化戦略」、「外部との積極的な連携」を中心にまとめ、これからのまちづくりに必要な視点について紹介している。そのため、自治体職員や議員、地域政策の関係者にとって、非常に参考となる内容となっている。

まず、第Ⅰ部では、政策形成アドバイザーである牧瀬稔先生（関東学院大学法学部准教授）から、政策づくりに資する公民連携の可能性を中心に取り上げていただいた。ここでは、戸田市の事例ではなく、これからの自治体政策に不可欠な視点を紹介している。

　第Ⅱ部では、戸田市の事例として「政策研究所」と「教育」を取り上げている。戸田市では、都市間競争の時代において市全体の政策形成力の向上を目指すとともに、他との差別化戦略として「教育日本一」を掲げて取組を進めており、この点を中心に紹介する。

　第Ⅲ部では、政策研究所における大学や民間企業、外部機関との共同研究の事例について取り上げている。公民連携というと、ハード面が中心と思われがちではあるが、今回はソフトの部分で外部の知見を取り入れた共同研究の事例を紹介する。

　戸田市は、首都圏に位置しており恵まれた地の利がある。しかし、それに胡座をかいていては、都市間競争の時代を勝ち抜いていくことができない。これからの時代は、自治体の未来に希望が持てるような住民から「共感」される政策が必要である。

　戸田市では、他自治体との差別化を図りながら、前例にとらわれることなく住民から選ばれる政策を展開している。そのため、政策づくりを試行錯誤している自治体にとって、本書が政策を考えていくうえでのヒントとなれば幸いである。

2019年3月

戸田市長　菅原文仁

目　次

第Ⅰ部　進化・深化する「公民連携」の在り方

　　　競争と共創の「公民連携」の可能性
　　　～公民連携の定義や背景等の検討～
　　　　　　　　　　関東学院大学法学部准教授　牧瀬　稔
1　注目集める「公民連携」……………………………………… 1
2　公民連携の定義………………………………………………… 2
3　公民連携の具体的な手段……………………………………… 4
4　公民連携は手段か目標（目的）か…………………………… 6
5　公民連携が進む背景…………………………………………… 8
6　政策が減れば公民連携は……………………………………… 19
7　競争と共創の土壌となる「公民連携」……………………… 21

第Ⅱ部　「共感」を呼ぶ政策づくりと戸田市の教育改革

第1章　自治体シンクタンク「戸田市政策研究所」の軌跡
　　　～「共感」が高まる政策づくりの仕掛け～
　　　　　　　　　　　　　　　戸田市政策研究所
1　戸田市ってどんなまち？……………………………………… 24
2　政策研究所の概要……………………………………………… 25
3　調査研究機能…………………………………………………… 31
4　政策支援機能…………………………………………………… 39
5　これからの時代を見据えて…………………………………… 48

第2章　人を呼び込み定着させるシティプロモーション
　　　～「競争」から「共感」、そして「共創」へ～
　　　　　　　　　　　　　　　戸田市政策研究所
1　まちの魅力・課題を徹底分析………………………………… 51

2　これまでのシティプロモーションの効果 …………………… 54
　3　新たなシティプロモーションの動き ………………………… 55
　4　「共感」そして「共創」へ …………………………………… 61

第3章　戸田市の教育改革の取組　　　　　　戸田市教育委員会
　1　戸田市の教育改革 ……………………………………………… 63
　2　新たな学びの推進 ……………………………………………… 68
　3　アクティブ・ラーニングの推進のための戸田型授業改
　　　善モデル ………………………………………………………… 77
　4　その他の分野における産官学民連携 ………………………… 83
　5　今後の展望 ……………………………………………………… 89

第Ⅲ部　公民連携による共同研究事例

第4章　若年層の「まち意識」の実像とその孵化育成に向けたアプロー
　　　　チ―2015年・2016年共同研究「戸田市における20代・30代の
　　　　若年層の居場所に関する研究」から
　　　　　　　　　　　　　目白大学　高久聡司・大西律子
　1　「若年層の居場所」研究の実施の背景・目的 ……………… 93
　2　若年層の「まち意識」の把握に向けて ……………………… 96
　3　戸田市の若年層にみる「まち意識」とは？ ………………… 99
　4　若年層向けＳＡＦＩＴガイドライン（中軸編・補完編） … 101
　5　本研究の知見と若年層の「まち意識」の孵化育成に向け
　　　たアプローチ …………………………………………………… 116

第5章　シビックプライドの分析手法
　　　　　　読売広告社　Ｒ＆Ｄ局　局長代理
　　　　　　ひとまちみらい研究センタープロデューサー　上野昭彦
　はじめに ……………………………………………………………… 119
　1　読売広告社のシビックプライドへの取組 …………………… 119
　2　シビックプライドの構造 ……………………………………… 122
　3　戸田市と読売広告社の共同研究 ……………………………… 126

第6章 「住民がつくるおしゃれなまち」に向けた戸田市・日本都市センターの共同研究
　　　　～戸田公園高台広場におけるイベント（実証実験）をきっかけとしたまちづくりの展開～
　　　　　　　　　　公益財団法人日本都市センター研究員　髙野裕作

1　はじめに　研究の経緯……………………………………………………130
2　共同研究における調査・議論……………………………………………132
3　イベント実施に至る経緯・検討過程……………………………………135
4　実証実験における調査……………………………………………………139
5　考察…………………………………………………………………………142

第Ⅰ部

進化・深化する「公民連携」の在り方

競争と共創の「公民連携」の可能性
～公民連携の定義や背景等の検討～

関東学院大学法学部准教授　牧瀬　稔

　本論は、現在進展しつつある公民連携を考察の対象とする。公民連携の定義の確認や歴史的経緯、具体的な取組等を紹介する。本書における総論の位置づけである。また、読者に対する問題提起という意味もある。

1　注目集める「公民連携」

　今日、「公民連携」が1つのキーワードになりつつある。直接的には、公民連携という言葉ではないが、類似の概念も多い。例えば「産学官金労言」がある。産は産業界、学は大学等の学界、官は行政を意味する。「産官学」は以前から使われていた。それに加え、近年は金という金融界、労は労働界、言は言論界（マスコミ）が加わった。産学官金労言が一体となった地域づくりが求められている。

　そのほか類似概念として、官民連携、産学官連携、産学連携、協働など多々ある。いずれも地域を構成し、地域に関心を持つ様々な主体が協力・連携して地域づくりを進めるという概念が含まれている。本論は、その中でも「公民連携」に特化して検討を進める。

　現在、多くの公民連携の実例がある。戸田市は株式会社ベネッセコーポレーションと教育の基礎的分野も含めて総合的に共同研究を進める内容で協定を締結している。同協定は、①教育の調査研究、②教育政策の提言・改善、③そのほかの必要な分野、について協力するとした包括的な内容となっている。戸田市はベネッセコーポレーションに限らず、株式会社読売広告社など、多くの主体と協力・連携して戸田市づくりを進めている。

三芳町（埼玉県）とＭＰＡは、地方創生や人材育成など政策分野で相互協力するための協定を締結した。ＭＰＡとは中小企業診断士を中心とした士業の研究会である[1]。現在100名強が在籍している。近年では、中小企業診断士や社会保険労務士、税理士等の「士業」が地域貢献への意識を持ちつつある。士業のノウハウを活用することにより、自治体政策を確実に推進していくことができる。

　東大和市（東京都）は関東学院大学法学部との間で、「政策研究及び人材育成の推進に関する協定」を締結している。同協定により、東大和市の地域創生に関わる施策へ法学部の教員、学生が参画している。具体的には、正規授業内で学生が東大和市に地方創生に関する政策提言を行ったり、同市の職員採用のポスターを作成したりしている。これら以外にも、自治体と外部主体の協定は多方面にわたっている。

2　公民連携の定義

　公民連携とは「Public Private Partnership」であり、しばしば「ＰＰＰ」という略称で使われる。「公民連携」という4文字から、読者は何となく意味を理解できると思われる。つまり「公(Public)」と「民(Private)」が「連携(Partnership)」することにより、「何か」を達成していく取組になる。そして、この「何か」は自治体により異なる。

　公民連携の定義を自治体のホームページから検討する。

　茅ヶ崎市（神奈川県）は「公民連携（Public Private Partnership）とは、市と民間が相互に連携して市民サービスを提供することです。本市においては、市民サービスの全部または一部を民間団体や民間事業者に委ねることにとどまらず、民間団体、民間事業者、行政が適切な役割分担に基づいて公共領域を創造し、市民サービスの質・量の充実を図っていくこと」と定義している。

　日光市（栃木県）は「ＰＰＰ（公民連携）とは、Public Private Partnershipの略で、公民（行政と民間）が連携・協働により、公共サービスの提供を行うことであり、これまで、行政が行ってきた分野に、民間の知恵やアイデア、資金や技術、ノウハウを活用することで、公共サービスの向上や業務の効率化、地域経済ならびに地域活動の活性化などを目指すもの」と述べている。

---

[1]　ＭＰＡのホームページは、次のとおりである。http://mpa-consul.com/

ここで紹介した茅ヶ崎市、日光市の公民連携の取組は、筆者がWebで検索したところ、上位に抽出された自治体である。意図をもって本論で紹介したわけではない。ちなみに、筆者は、これらの自治体が公民連携の先進自治体か成功自治体かは分からない[2]。そのほかの定義は**図表1**のとおりである。

図表1　自治体等における公民連携の定義

団体・機関	公民連携の定義
多摩市	ＰＰＰ（Public Private Partnership：公民連携）とは、これまで行政が提供してきた各種公共サービスを民間事業者と連携し行うことです。民間事業者が持つ多様なノウハウ・技術を取り入れることにより、行政サービスの向上、民間資金の導入による財政資金の効率的使用や業務の効率化を図る手法です。
市川市	ＰＰＰ（公民連携：Public Private Partnershipの略称）とは、公と民が連携して行政サービスの提供を行うことにより、これまで自治体が単独で取り組んできた分野に、民間のノウハウや創意工夫等を活用し、市民サービスの向上や業務効率の向上、地域経済の活性化等を図るものです。
東村山市	「公民連携（Public Private Partnership）」とは、民間と行政が協力し、よりよい公共サービスを提供することです。東村山市では、地域の価値や住民満足度の最大化を目指すために「公民連携」に取り組みはじめています。
柏原市	公共と民間が連携して、それぞれの強みを活かすことによって、最適な公共サービスの提供を実現し、地域の価値や住民満足度の最大化に取り組むことを言います。英語では、パブリック・プライベート・パートナーシップ（Public Private Partnership）と言い、この頭文字を取ってＰＰＰと呼んでいます。
東洋大学大学院経済学研究科公民連携専攻	公共サービスを、「官（Public）」と「民（Private）」が役割を分担しながら社会資本の整備や公共サービスの充実・向上を図ることを実現する概念・手法の総称。公共サービスの提供主体が市場の中で競争していく仕組みに転換し、最も効率良く質の高い公共サービスを提供（Value for Money, VFM）することを目指しています。

(出典：各ホームページから筆者作成)

---

(2)　余談になるが、「先進事例と成功事例は異なる」ため注意が必要である。先進事例とは、あくまでも「他に先駆けて実施した事例」である。言い方に語弊があるかもしれないが、「たまたま先に実施しただけの事例」である場合も多い。何も考えずに単に先駆けて実施した場合は、先進事例であっても失敗事例であるかもしれない。先進事例が本当に参考とすべき事例なのか客観的に検討する必要があるだろう。読者は大丈夫と思われるが、意外に「先進＝成功」と勘違いしている人がいるため注意してほしい。その先進事例は、もしかしたら失敗事例かもしれない。失敗事例と認識したら反面教師として役立てるとよいだろう。なお、本論で紹介した茅ヶ崎市や日光市が「悪い事例」と言っているのではない。これらの事例が良いのか悪いのかは、読者自身で調べていただきたい。

自治体が規定する公民連携の定義を確認して、気になったことがある。それは公民連携の目的として「事業効率のアップ」や「地域経済の活性化」などという自治体側のメリットが強調されていることである。公民連携の「公」ばかりのメリットが言われ、相手側の「民」にとってのメリットがあまり考えられていないように感じる。これは自治体からの一方通行的な公民連携といえる。もう少し「民」のメリットを考えた公民連携が必要だろう。

　筆者は、公民連携を次のように捉えている。それは「行政と民間が相互に連携して住民サービスを提供することにより、行政改革の推進、民間の利益拡大に加え、住民サービスの向上や地域活性化等を目指す取組」である。

　筆者の定義のポイントは、行政にも民間にもメリットがあり、かつ住民や地域にとってもプラスとなる取組ということである。多くの自治体の公民連携の定義を確認したが、その中には民間のメリットが見いだせない場合もある（民間とは民間企業の法人に限らず、地域住民等の自然人やその他の団体等が入る。）。自治体の一方通行的な公民連携では持続性が担保されない。民間のメリットも考えてこそ、公民連携は継続的に発展していく。

3　公民連携の具体的な手段

　神戸市の公民連携の定義に、具体的な手段が明記されている。神戸市は「ＰＰＰ（公民連携）とは、Public-Private Partnershipの頭文字で、行政と民間事業者が協働で住民サービスの向上や事業効率のアップ、地域経済の活性化などに取り組むことを言います。具体的には、ＰＦＩ事業をはじめ、指定管理者制度、公設民営、包括的民間委託、自治体業務のアウトソーシング、ネーミングライツ、定期借地活用など、民間の知恵・アイデア、資金や技術、ノウハウを取り入れる様々な手法があります」と記している。

　神戸市の定義から、いくつか具体的な取組を簡単に紹介する。

　ＰＦＩ（Private Finance Initiative）とは、民間の資金や経営手法・技術力を活用して公共施設などの社会資本を整備することを意味する。公民の役割分担を事前に取り決め、公共施設の建築や維持管理を民間企業に任せ、効率的に良質な公共サービスを提供しようとする取組である。

　従来から、公共事業に民間資金を導入するものとしては「第三セクター方式」

があった。これは公民が共同出資することが前提となっている。これに対してPFIでは建設から運営までを民間企業に任せるとともに、予想外の事態により負担が増加する場合の負担処理についても、事前にリスク分担をきちんと決める点が大きな違いである。1990年代に英国で始まり、日本でも広がってきた。日本での初めての事例は、横須賀市（神奈川県）の長井海の手公園と言われている。

指定管理者制度とは、2003年9月施行の地方自治法の一部改正によって、公の施設（スポーツ施設、都市公園、文化施設、社会福祉施設など）の管理方法が、管理委託制度から指定管理者制度に移行した。従前は、公の施設の管理を外部に委託する場合は、公共的団体（外部団体）に限定されていたのを、民間事業者、NPO法人などにも可能にした[3]。

公設民営とは、国や自治体が施設を設置し、その運営を民間事業者が行うことを意味する。例えば、美祢市（山口県）にある「美祢社会復帰促進センター」という刑務所は公設民営である。刑務所は国が設置し、運営は民間が担っている。半官半民（公設民営）の施設であることから、俗に「民活刑務所」と呼ばれる。

2005年4月22日に事業者選定の競争入札が行われ、セコム、清水建設、小学館集英社プロダクションを中心とした「美祢セコムグループ」が落札した。セコム・新日本製鐵などが中心となり、「社会復帰サポート美祢株式会社」を設立し、整備・運営に当たっている。同様な刑務所は、島根あさひ社会復帰促進センターなど4か所ある。

ネーミングライツは「命名権」とも言われる。ネーミングライツとは「企業の社名や商品ブランド名を公共施設等に名称として付与する権利」と定義できる。公共施設等の所有者である自治体が命名権を企業に提供（売り）し、その

---

[3] 指定管理者制度のメリットとして、2003年当初は、①利用時間の延長などサービスの拡大による住民（特に利用者）の利便性の向上、②管理運営経費の削減による施設を所有する自治体の財政負担の軽減、があるといわれていた。しかし、指定管理者制度が始まってから15年も経過してくると、①と②は限界にきている。これ以上の利便性の向上は、住民だけにメリットがあり、指定管理者にとっては負担そのものでしかない。同時に、これ以上の自治体の財政負担の軽減を指定管理者に求めることはできない。現在は、指定管理者に勤務する職員の不幸の上に、住民の利便性の向上や自治体に負担の軽減が成立しており、極めていびつな構造となっている（もちろん、全てとは言わないが、筆者はそういう傾向があると捉えている。）。指定管理者制度は曲がり角に来ていることは間違いないと思う。

売却益を受ける仕組みである。企業にとっては公共施設の壁面やイベントのパンフレットなどに社名や自社の商品ブランド名を掲載することにより、認知度の向上といったアピール効果を狙っている[4]。

　サウンディング型市場調査も公民連携といえる。サウンディング型市場調査は、「行政が保有する資産活用の検討に当たり、その活用方法について民間企業等と対話を通して広く意見や提案を求めることにより、市場の意向を把握する調査」である。サウンディング（sounding）とは、「打診する」や「ある事案に対する相手の意向や意見を確かめるために、前もって相手に働きかけ様子を伺う」を意味する。

　今日、自治体だけの政策実施では独り善がりになってしまう可能性がある。そこで事前に民間企業等の意向を把握してから政策を実施するという意図がある。横浜市は本牧市民プール及び横浜プールセンターの再整備をサウンディング型市場調査により実施した。茅ヶ崎市は市役所仮設庁舎跡地の活用について実施している。また、和歌山市では、市営大新地下駐車場における民間活用事業の選定を行う上で、公募内容や条件を決定するに当たり、民間事業者の利用意向や活用手法を採り入れ、従来の活用方法に捉われない公募条件を把握することを目的に同調査を実施している。

　そのほか公民連携の具体的な方法としては、市場化テスト、包括的民間委託、自治体業務のアウトソーシングなど多々ある。さらに言うと、住民を対象とした公民連携という観点では、市民参加や協働等も含まれるだろう。本書の第3章や第6章では、具体的な事例があるため、そちらを参照していただきたい。

4　公民連携は手段か目標（目的）か

　先に紹介した茅ヶ崎市や日光市、神戸市をはじめ、他自治体の定義から手段と目標（目的）を考える[5]。手段は、例えば、①市と民間が相互に連携して市民サービスを提供することにより……、②行政と民間事業者が協働で取り組むことにより……、③公民（行政と民間）が連携・協働により、公共サービスの提

---

[4]　詳細は次の文献を参照されたい。
　　牧瀬稔著『地方議員が開く「政策の窓」』中央文化社・2016
　　牧瀬稔・戸田市政策研究所編著『政策開発の手法と実践～自治体シンクタンク「戸田市政策研究所」の可能性』東京法令出版・2009

供を行うことで……、と明記されている。つまり①②③が手段である。

そして目標（目的）は、例えば、④市民サービスの質・量の充実を図っていくこと、⑤住民サービスの向上や事業効率のアップ、地域経済の活性化などに取り組むこと、⑥公共サービスの向上や業務の効率化、地域経済並びに地域活動の活性化などを目指すこと、という④⑤⑥となる。それを示したのが**図表2**である。

図表2　公民連携の手段と目標（目的）

手段	① 市と民間が相互に連携して市民サービスを提供することにより…… ② 行政と民間事業者が協働で取り組むことにより…… ③ 公民（行政と民間）が連携・協働により、公共サービスの提供を行うことで……
目標（目的）	④ 市民サービスの質・量の充実を図っていくこと ⑤ 住民サービスの向上や事業効率のアップ、地域経済の活性化などに取り組むこと ⑥ 公共サービスの向上や業務の効率化、地域経済並びに地域活動の活性化などを目指すこと

（出典：筆者作成）

公民連携を考える時は（あるいは推進する時は）、手段と目標（目的）を履き違えないことが重要である。

---

(5) 本題から話はそれるが、しばしば目的と目標が混合されるため、それぞれの意味を確認しておきたい。辞書には、目的は「実現しようとして目指す事柄」と書いてある。一方で、目標とは「行動を進めるにあたって、実現や達成を目指す水準」と定義されている。すなわち「目的」を達成するために目指す水準や行動、その工程を示したものが「目標」となる。目的と目標は同一ではなく次元が大きく異なる。一般的に目的は抽象的であり、定量的に測ることは難しいとされる。目標は具体的であり、定量的に把握できる。
　　これを自治体の現場に例えてみると、目的は「政策レベル」に当たる。そして目標とは「事業レベル」に該当する。政策を達成するために様々な事業がある。これと同じで目的を達成するために様々な目標を決めることになる。繰り返すが、目的や政策は抽象的なきらいがある。しかし、目標や事業は具体的でなくてはいけない。具体的な目標が事業でなくては、具体的に行動することはできない。そして具体的に行動しなくては目に見える成果は導出されない。ここに目的と目標の大きな違いがある（目的や政策を具体的に設定することを否定しているわけではない）。

さらに言うと、注意すべきことは、**図表2**に記されている④⑤⑥という目標（目的）を達成していく手段は公民連携だけに限定されないことを認識する必要がある。④⑤⑥を達成していく手段は多くあるはずである。公民連携は**図表2**に記されている目標（目的）を達成していく1つの手段にすぎない。絶対的な手段ではないため、自治体の置かれている状況や条件により、適宜、公民連携を採用していくことが望まれる。なお、**図表2**にある目標（目的）は自治体が捉える公民連携のメリットともいえるだろう。

5　公民連携が進む背景

図表3は、主要紙（朝日・産経・毎日・読売の4紙）において1年間に「公民連携」の記事が登場した回数である。

図表3　主要紙における1年間に「公民連携」の記事が登場した回数

（単位：回）

年	回数
1985年	1
86年	1
87年	1
88年	4
89年	2
90年	4
91年	7
92年	3
93年	2
94年	0
95年	1
96年	1
97年	1
98年	2
99年	0
2000年	0
01年	1
02年	0
03年	1
04年	0
05年	3
06年	2
07年	4
08年	3
09年	7
10年	21
11年	15
12年	20
13年	30
14年	15
15年	25
16年	40
17年	40

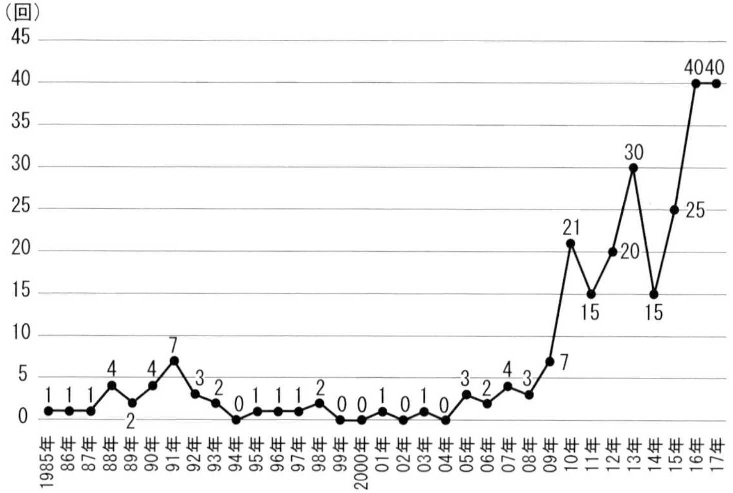

（出典：筆者作成）

注）対象紙は、朝日新聞、産経新聞、毎日新聞、読売新聞である。新聞・雑誌記事横断検索を活用した。1984年6月以降の新聞記事である。完全に全ての記事を把握できているわけではない。傾向をつかむという意味がある。

読者は「1980年代から公民連携は始まっていたのか……」と思われるかもしれない。しかし、それは違う。1985年2月26日の朝日新聞は「選挙協力など公民連携強化」とある。これは公明党と民社党に関する記事である。現在の「公

民連携」ではない。2000年までの「公民連携」は、「公（Public）」と「民（Private）」ではなく、政治的記事が全てである。例えば、「「税制改革」、社党に戦術転換論　労組も修正提言　公民離反を恐れ」（1988年10月21日、朝日新聞）や「自公民納得の辞任劇　税成立、暗黙の合意　宮沢氏、真相解明の責任を放棄」（1988年12月9日、朝日新聞）などの記事がある。

　本論がテーマとしている公民連携の記事は、2001年9月6日の朝日新聞に見られる。記事の見出しは「多摩ニュータウン、4市の助役らでまちづくり協議会　11月にも設置」とある。

　同記事は「多摩ニュータウンの再構築に向け具体策を探る「多摩ニュータウンまちづくり協議会」が今年11月にも設置されることになった。メンバーは、ニュータウンを構成する多摩、八王子、稲城、町田市の助役4人と、都多摩都市整備本部長、都市基盤整備公団多摩ニュータウン事業本部長の計6人。今年5月、4市の首長らが一堂に会した「多摩ニュータウンサミット」の論議を踏まえ、今後の地域経営を協議する。「サミット」では、自治体の枠組みを超えた広域的取り組みや、ＮＰＯ（非営利組織）や大学なども含めた産学公民連携の強化などで一致しており、関係機関が協力し、施策展開を図っていく」とある。この記事に「公民連携」という言葉が登場した記事と思われる。**図表3**から理解できるように、2000年前後から、公民連携が浸透してきたといえる。

　ここでは公民連携が進む背景を考える。それは、①国等の法整備、②「新しい公共」の登場、③行政事務と自治体職員のギャップ改善、④人口減少の圧力、⑤首長意向・議会質問の活発化、が考えられる。これらについて検討する。

(1)　相次ぐ法整備

　公民連携の背景にあるのは、相次ぐ国の法整備がある。例えば1999年には「民間資金等の活用による公共施設等の整備等の促進に関する法律」（ＰＦＩ法）が制定された[6]。2003年には地方自治法が一部改正され、様々な公の施設において「指定管理者制度」が導入されるようになった[7]。そして2006年には「競争の導

---

[6]　ＰＦＩ法は「民間の資金、経営能力及び技術的能力を活用した公共施設等の整備等の促進を図るための措置を講ずること等により、効率的かつ効果的に社会資本を整備するとともに、国民に対する低廉かつ良好なサービスの提供を確保し、もって国民経済の健全な発展に寄与する」ことを目的としている（第1条）。

入による公共サービスの改革に関する法律」（市場化テスト法）が成立している[8]。

　なお、直接的には関係していないが、1998年の「大学等における技術に関する研究成果の民間事業者への移転の促進に関する法律」（ＴＬＯ法）も公民連携の土壌にあると考えられる[9]。同法により、大学の技術や研究成果を民間企業へ移転する技術移転機関の活動を国が支援することとなった。国が産学の橋渡しをすることにより、自治体も産学の間に入り、産学官という言葉が広がるようになってきた。

　図表3を見ると、2008年から記事が増加傾向にある。その１つの要因として、2006年に日本で初めて公民連携専攻の大学院が新設されたことがあるだろう。それは東洋大学大学院経済学研究科公民連携専攻である。同大学院の存在により、公民連携という概念が広がりつつある。同大学院のホームページには「単に官と民の連携にとどまらず、自治体財政を健全化し、地域経済を活性化し、市民の暮らしを将来にわたって守ってくれる大きなコンセプトに成長しています」と明記されている。

　以上が法律等の動向である。参考までに、条例における「公民連携」を確認すると、ほとんど事例はない。女川町（宮城県）の「女川町まちなか交流館条例」（2015年制定）は「町民の集い及び交流活動を推進し、地域活力の向上と公

---

[7] 地方自治法第244条の２第３項には「普通地方公共団体は、公の施設の設置の目的を効果的に達成するため必要があると認めるときは、条例の定めるところにより、法人その他の団体であって当該普通地方公共団体が指定するもの（以下本条及び第244条の４において「指定管理者」という。）に、当該公の施設の管理を行わせることができる」と明記されている。なお、改正前は「普通地方公共団体は、公の施設の設置の目的を効率的に達成するため必要があると認めるときは、条例の定めるところにより、その管理を普通地方公共団体が出資している法人で政令で定めるもの又は公共団体若しくは公共的団体に委託することができる」とあり、あくまでも「普通地方公共団体が出資している法人」等という制約があった。

[8] 市場化テスト法は、「国の行政機関等又は地方公共団体が自ら実施する公共サービスに関し、その実施を民間が担うことができるものは民間にゆだねる観点から、これを見直し、民間事業者の創意と工夫が反映されることが期待される一体の業務を選定して官民競争入札又は民間競争入札に付すことにより、公共サービスの質の維持向上及び経費の削減を図る改革を実施するため、その基本理念、公共サービス改革基本方針の策定、官民競争入札及び民間競争入札の手続、落札した民間事業者が公共サービスを実施するために必要な措置、官民競争入札等監理委員会の設置その他必要な事項を定める」ことが趣旨である（第１条）。

[9] ＴＬＯ法は「大学、高等専門学校、大学共同利用機関及び国の試験研究機関等における技術に関する研究成果の民間事業者への移転の促進を図るための措置を講ずることにより、新たな事業分野の開拓及び産業の技術の向上並びに大学、高等専門学校、大学共同利用機関及び国の試験研究機関等における研究活動の活性化を図り、もって我が国産業構造の転換の円滑化、国民経済の健全な発展及び学術の進展に寄与する」ことを目的としている（第１条）。

民連携による地域活性化を図るため、交流館を設置する」(第2条)の中に、公民連携という言葉が見られる。女川町条例のほか数事例しかない。

　2018年に大東市(大阪府)が「大東市公民連携に関する条例」を制定した。同条例が、自治体における公民連携の起爆剤になる可能性はある。大東市条例は「本市に関わるすべてのものが、その垣根を越えて連携することについての基本的事項を定めることにより、自立的かつ持続可能な地域経営、公共サービスの質的充足および地域の価値の向上を図り、もって、皆に誇れるまちを実現する」ことを目的としている(第1条)。

　なお、条例に公民連携という4文字はないが、横須賀市(神奈川県)のような条例は多い。同市の「横須賀市市民協働推進条例」の第9条の見出しは「行政サービスにおける参入機会の提供」である。条文は「市は、市民公益活動団体に対しその活動を促進するため、専門性、地域性等の特性を活かせる分野において業務を委託する等の行政サービスへの参入機会の提供をするよう努める」とあり、行政サービスの民間への参入拡大を明記している(ただし、ここでは市民公益活動団体に限定している。)。この規定は、実質的に公民連携を促進する内容といえるだろう。

(2)　「新しい公共」の登場

　「新しい公共(新たな公)」という言葉がある。新しい公共と公民連携は、基本的には異なる概念である。しかし、筆者は新しい公共という考えは、公民連携を推進する1つの契機となっていると捉えている。そこで、新しい公共について言及したい。

　新しい公共があるということは、「古い公共」もあることを意味する。古い公共は**図表4**のとおりである。今日、公共部門(公共サービス領域)は、教育・医療・交通・司法・消防・警察など多方面にわたっている。「古い公共」は、多岐にわたる公共部門の全てを自治体が単独で担う状態を意味する。

図表4　「古い公共」のイメージ

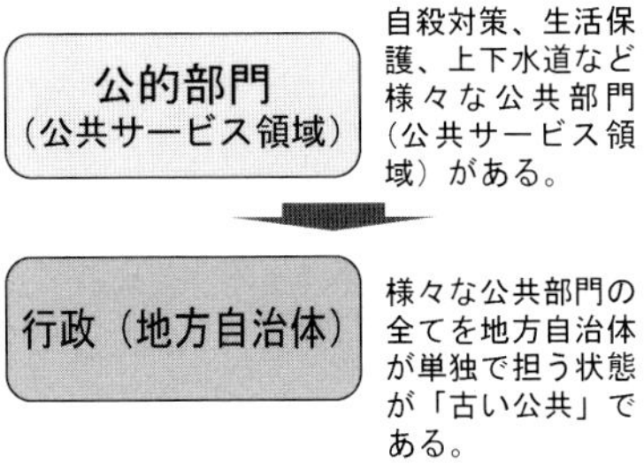

公的部門(公共サービス領域) → 行政(地方自治体)

自殺対策、生活保護、上下水道など様々な公共部門(公共サービス領域)がある。

様々な公共部門の全てを地方自治体が単独で担う状態が「古い公共」である。

(出典:筆者作成)

図表5　「新しい公共」のイメージ

公的部門（公共サービス領域）

行政（地方自治体）／住民／民間企業

自殺対策、生活保護、上下水道など様々な公共部門（公共サービス領域）がある。

様々な公共部門の一部を地方自治体が担い、別の分野は住民、別の領域は民間企業に担ってもらう状態が「新しい公共」である。

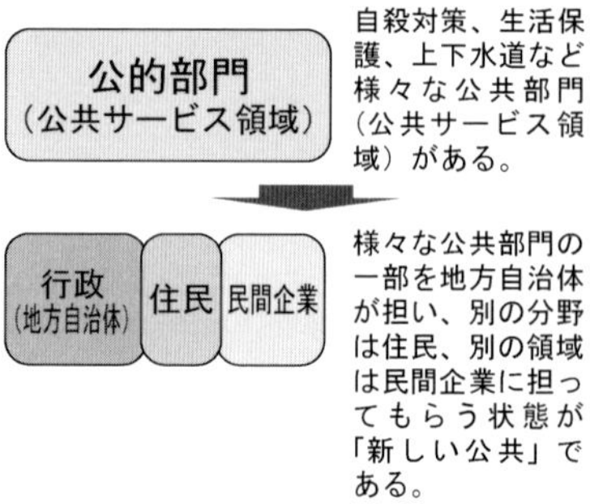

（出典：筆者作成）

近年は、「古い公共」が限界に近づきつつある。その理由は、権限移譲や住民ニーズの多発化に伴う事務量の増加や、職員数の減少や財政難などにより、自治体は全ての公的部門に対応できなくなりつつある（このことは、別に言及する。）。そこで「新しい公共」という概念がでてきたと筆者は考えている。

図表5が「新しい公共」のイメージになる。様々な公共部門の一部を自治体が担い、別の分野は住民、別の領域は民間企業等に担ってもらう状態である。すなわち、「新しい公共」とは、自治体（行政）だけが公共の役割を担うのではなく、地域の様々な民間（住民や民間企業等）が公共の担い手の当事者として活動することを意味する。そして、その1つの形態として「公民連携」がある。

公民連携を含んだ「新しい公共」を進めることにより、行政サービスの質的向上、行政サービスの量的拡大、地域経済の活性化、地域活動の活発化（住民自治の実現）、職員の事務負担の軽減（行政サービスの効率化）、歳出の縮小、歳入の拡大などのメリットがあると言われている。なお**図表6**は、自治体による新しい公共の定義である。

図表6　自治体による「新しい公共」の定義

団体	「新しい公共」の定義づけ
足立区	新しい公共活動は、それぞれの主体が目的と責任を持ちながら実施しているものですが、主体同士の関係を近づけ、地域にもっともふさわしい公共サービス・活動を追及する創造的な手段が、協働であると考えることができます。協働が、共通の目的意識、対等関係、応分の責任、相乗効果などの基本原則を持つことだからです（あだち協働ガイドライン）。
新宿区	従来の「私的な領域」と「行政的な領域」の二元論では割り切れない、中間的な領域に生じる公共的需要のことで、行政本来の守備範囲を超えた「公共的な領域」をいう。新しい公共に応えていくには、行政とは違う切り口や多様な発想によって、柔軟できめ細かく、小回りがきくサービスを提供できるボランティアやNPO等との協働が求められる（ボランティア・NPO等との協働の推進に関する基本方針）。

宇部市	近年、社会的課題が多様化・複雑化し、「公共」を行政が主体的に担うといった社会のあり方にはっきりと限界が見えてきた中、市民、市民活動団体、企業、行政など多様な主体が対等な関係で協力し合って「公共」を担っていこうという考え方（「第３次総合計画」）。
桐生市	地域の問題を市民・事業者・行政の対等なパートナーシップによって解決しようという概念であり、三者が共に手を携えて行わなければ達成できない分野を「新しい公共」という（桐生市行財政運営ビジョン）。
久喜市	一般的に「公共」とは、主に行政が担うものだと考えられてきました。それに対し、「新しい公共」とは、官・民、公・私といった枠をこえて、行政、企業、市民活動団体や個人等が、それぞれが持っている、知恵・技、情報、資金、拠点・機材、ネットワーク等をお互いに出し合うことで、創造的に支える新しい社会の姿を指します（「みんなで育てよう協働のまちづくり！」）。
多摩市	「新しい公共」とは、こうした状況のなかで、行政のみならず、市民、ＮＰＯ、事業者など、多様な主体が、対等な立場で協働・連携し、適切に役割分担しながら「公共」の領域をともに担っていこうとする考え方です（多摩市行財政再構築プラン）。
大和市	「市民、市民団体、事業者、市が協働して創出し、共に担う公共をいう」と定義されている（大和市新しい公共を創造する市民活動推進条例）。
三重県	「新しい時代の公」とは、公（公共領域）の活動に、多様な主体が参画し、みんなで支える社会のあり方、及びその形成に向けた諸活動のことをいいます（「新しい時代の公」推進方針 ～「新しい時代の公」推進に向けた検討結果報告～）。

(出典：各自治体の条例や行政計画等から筆者作成)

(3) 行政事務と自治体職員のギャップ改善

今日、自治体の現場では、**図表7**のような現象がおきつつある。**図表7**の縦軸は職員数の増減を示している。そして横軸は事務量の度合いを記している。時代の流れが左から右に進むことになる。

職員数は、時代の経過とともに減少していく傾向にある。一方で事務量は増加しつつある。職員数が減少する理由は財政難による（国等からの圧力もある。）。そして事務量が増加する大きな理由は、（市区町村の場合は、国が

図表7　職員数と事務量のギャップ

(出典：筆者作成)

都道府県からの）権限移譲や、住民要望の多発化・多様化がある。

　宮城県のホームページに「県から市町村への権限移譲について」がある。同ページを確認すると、2008年から2017年の10年間に約300の事業が市町村に移譲されていることが分かる。町村のような小規模の自治体は職員数も限られている。県からの権限移譲により、職員1人当たりの事業負荷は限界に近づきつつある[10]。

　この「権限移譲」という言葉に注意する必要があるだろう。確かに聞こえはよいのだが、実は一方的な仕事の押し付けの場合が少なくない（宮城県のことを言っているのではなく一般論を述べている。）。趨勢的に職員が減少していく中で権限（仕事）の増加は、職員を疲労させる圧力が強まるだけである。

　再度**図表7**を見てほしい。問題は右側にある「網掛け」の三角形の部分がギャップとして生じてしまう。このギャップをどうするか考えなくてはいけない。ギャップに耐え切れないと療養休暇が増加する。

　2016年度において、A市は1,650人の職員がいて104人が療養休暇を取得している（取得率6.3％）。B市は2,847人の職員がいて118人が取得している（取得率4.1％）。そしてC市は1,356人の職員がいて215人が取得している（取得率は驚異の15.9％！）。筆者は全自治体の療養休暇を取得した状況を把握したわけではない。しかし、自治体が発表する「人事行政の運営等に関する状況」を確認すると、療養休暇は全体的に増加傾向にあるようだ。

　このギャップに対応する手段は5点ほど考えられる。それは、①職員の能力開発を進める、がある。職員の能力開発を進め、従来1人1事務量だったものを1人1.5事務量にするという発想である。そうすることにより拡大する事務量に対応するという発想である[11]。

　そのほかに、②職員数を増加する、③（そもそも論として）優秀な職員を採

---

[10] 都道府県が持つ権限を条例によって市町村に移譲する「事務処理特例制度」に関しては、都道府県と市町村との協議を行うことが前提である。そのため市町村側で「拒否」できるはずである。都道府県によっては、全市町村に一律に権限を移譲する例もあるようだが、特に町村は職員の体制や能力などを検討して「断るべき時には断る」ということもあってもよいだろう。

[11] しばしば「自治体の職員定数は何人が理想ですか」という質問がある。この質問は無意味である。例えば、10事務があり「1職員＝1事務」を担当した場合は、10職員で対応することになる。次に優秀な職員が多く「1職員＝2事務」を担える場合は5職員で担当できる。一方でちょっと問題な職員が多く「1職員＝0.5事務」を処理する場合は20職員が必要になる。すなわち職員の能力により、望ましい職員定数も変化してくる。その意味で、職員の能力開発を高めていかなくてはいけない。

用する、④増加する事務量に対応しない（増加する事務は実施しない）[12]、⑤増加する事務量の一部を外部主体に担当してもらう、がある[13]。この「⑤増加する事務量の一部を外部主体に担当してもらう」が公民連携を進ませる1つの背景と考えられる。

(4) 人口減少の圧力

2015年国勢調査によると、日本の人口は1億2,709万4,745人となった。2010年国勢調査と比較すると、96万2,607人の人口が減少した。これは年平均0.15％の減少である。

多くの読者が理解しているように、現在の日本は人口減少社会を歩んでいる。この時代において、人口を維持しようとすることは、他自治体から人口の移入を進めなくてはいけない。もちろん、自然増により人口の維持や増加も考えられる。しかしながら、人口置換水準である合計特殊出生率を2.07以上にすることは難しい。そのため、どうしても社会増による人口の維持や増加に頼ることになる。それが競争を生む原因である[14]。なお、人口の維持や増加を求めつつ、競争を否定する場合は、他国から外国人を移入するしか手段はない。

ここ数年で「人口減少をどのように生き抜くか」を趣旨とした文献が見られるようになった。少しずつ筆者をはじめ多くの人の意識は、「拡大を求める意識」から「縮小を当たり前と思う」ように変化しつつあるようだ。

---

[12] 市区町村にとって「権限移譲」というと聞こえはよい。しかし実質は国や都道府県からの一方的な「仕事の押し付け」である。職員数が減少する中での仕事量の増加は、既存の仕事数を削減・廃止しない限り職員の崩壊を招くことになる（崩壊の1つが鬱の発生である。）。住民から見れば、行政サービスは国や都道府県が実施しようと市区町村が担当しようと関係ない。その意味で小規模自治体は権限移譲を断ることも必要だろう。また市区町村から都道府県や国に対する権限移譲もあってもよいだろう。

[13] 現実的には「職員数の増加」は厳しいだろう。そのため多くの自治体は非正規職員を増やすことで対応してきた。日本経済新聞社の調査によると、全自治体の中で非正規職員が占める割合は2割近くに達しているそうだ。潟上市（秋田県）は非正規職員率が62.1％であり、佐々町（長崎県）は66％となっている（2017年7月17日記事）。その結果、正規と非正規の格差が生まれ「官製ワーキングプア」が登場している。一方で「優秀な職員の採用」は少しずつ見られつつある。優秀の意味は「特定行政分野に秀でた職員」という意味である。昨今では、戦略的に特定行政分野に秀でた職員を採用する傾向が強まっている。

本文の①から⑤に加えて、1職員が時間で稼ぐという手段もある。某県の40代の男性職員の2011年度の残業時間が2,017時間にのぼった。同県では、この職員を含む20人の残業時間が、それぞれ1,000時間を超えていた。このように時間で稼ぐという方法もある。しかし、これは結果的に職員を疲労させるだけである。

一部には、競争に嫌悪感を持つ人がいるが、筆者は競争を全面否定する必要はないと考えている。競争があることにより、行政サービスの質的向上が促される側面もある。民間企業は激しい競争の中から、イノベーションが登場する。イノベーションは経済を発展させていく原動力となる。本論で取り扱う公民連携も、公の分野に民が参入することにより、様々なイノベーションが創出されている。

　現在、競争に勝ち抜くため、多くの自治体が選択するのは行政サービスの量的拡大である。例えば「医療費は何歳まで無料」というのは、典型的な量的拡大である。この量的拡大に走る自治体の思考にこそ大きな問題があると、筆者は考えている。

　この人口減少が「公民連携」の１つの背景と考える。今後も人口が減少していくことは間違いない。その意味で、公民連携はますます求められてくるだろう。

　地域政策には、大きく「拡大都市」と「縮小都市」という考えがある。拡大都市とは「人口減少時代においても、積極的によい行政サービスを提供することで、今までどおりに人口の拡大を目指す」ことである。あるいは「周りが人口を減少させる中で、人口の維持を達成しようとする自治体」も拡大都市と捉えることができる。国は2060年に１億人程度を目標人口と掲げている。この数字は2010年の人口（国勢調査）から17％減の数字である。2060年の時点で人口を17％減以内で留めようとする自治体は拡大都市として捉えることができるだろう。

　一方で縮小都市は「人口減少の事実を受け入れ、人口が減少しても元気な自治体をつくっていく取組」である。2060年の時点で人口減が17％以上を是認する場合は縮小都市かもしれない。一般的に人口が減少すれば税収も低下する可能性がある。その結果として行政サービスの縮小や職員数の減少等も余儀なく

---

(14) 競争を具体的にいうと「自治体間競争」になる。自治体間競争が良いか悪いかは読者の価値判断である。筆者が自治体間競争について言及すると、自治体職員を中心に批判がある。例えば「公正・公平が原則であるため、自治体の本質を見間違えている」や「全自治体がWin-Winの関係を目指していくべきである」などである。もっともな見解であり、これら発言を筆者は否定しない。しかし現実的には、そんな悠長なことは言っていられない。現在進められている地方創生は競争の思想がある。そのような前提の中で「自治体がみんなで仲良くやっていきましょう」という呑気なことを言っている自治体が現実的には負けていくのである。

されるかもしれない。そのような理由から、現時点において明確に「縮小都市を採用している」と公式に説明している自治体は（あまり）聞かない。

現在進められている地方創生の政策目標は「約8,600万人まで減少する人口を約1億人までかさ上げする」ことである。将来人口推計よりも1,400万人の増加を目指している。国は「約8,600万人まで減ることを前提に国づくりを進めていく」とは言っていない。すなわち、国が採用しているのは拡大都市である。

ただし、これから10年も経過すれば、時代の背景も大きく変わり、国民の意識も変化する。その結果、明確に縮小都市を掲げる自治体も多く登場してくると思われる。しかし現時点では、国民の意識は、まだ拡大都市路線である。自治体が縮小都市を選択するのは、時期尚早のような気がする。筆者の感覚では、国民は「人口減少を受け入れることは頭では分かっているけど、気持ち的に納得できない」という状況と思われる[15]。

(5) 首長意向・議会質問の活発化

市長や議会からの提案により、公民連携が進むこともある。例えば、五十嵐清隆・伊勢崎市長のマニフェストにある「行財政改革の推進」の中に、公民連携の記述がある。そこには「協働共創のまちづくりを進めます。公民連携システムの充実を図るとともに、市民活動団体への支援や連携を深めます」と明記されている。大山忍・八潮市長のマニフェストは、新公共経営を進めるとして「協働で経営する自主・自律のまち　公民連携（ＰＰＰ、ＰＦＩ）手法の活用で公共サービスの向上や効率化を推進」と記されている。首長がマニフェストに公民連携を掲げることが増えつつある。その結果、トップダウンで公民連携が進む傾向もある。

また、所信表明で公民連携を取り上げる市長も多い。阿部裕行・多摩市長は「市民自治の実現のための試みや、市民協働・公民連携など多様な主体に行政サービスの担い手になっていただく仕組みをつくっていくためには、市役所全

---

[15] 筆者は多くの自治体の総合計画審議会の委員を担当している（会長をすることもある）。そこでの議論は、相変わらず「拡大都市」である。筆者は2009年に出版した『人口減少時代における地域政策のヒント』（牧瀬稔・中西規之編著・東京法令出版）の中で、縮小都市も１つの選択と指摘したが、現実は、なかなか縮小都市には進んでいない。縮小都市に進まない１つの理由が地方創生である。特に、地方創生により策定された「地方人口ビジョン」と「地方版総合戦略」の存在が大きいと考える。

体をけん引していく機能の強化が必要です」と述べている(2018年第2回多摩市議会定例会)。

　竹山修身・堺市長は、2017年11月27日の所信表明で「「民でできることは民に」を基本に、民間活力を含めた公民連携を推進するとともに、総人件費の見直しをはじめとした歳出削減を行うなど、聖域なき行財政改革にも引き続き取り組んでまいります」と言及している。

　このように首長が公民連携を政策の重要な柱にしつつある。

　一方で、議会からの質問も増えつつある。**図表8**は各都道府県議会における「公民連携」の質問回数の推移である。2004年に登場し拡大している。都道府県議会で初めて公民連携が登場したのは、2004年3月18日に開催された東京都議会の都市・環境委員会である。同委員会において「都が先行すべき5つの取り組みとして、まず新戦略を推進するためのガイドラインの策定、公民連携によるみどりと文化の拠点づくり、民間による新しいタイプの公園づくり……」という発言の中で公民連携が登場している。

　このように首長や議会が「公民連携」に注目しつつある。首長が議会により公民連携が否応なしに進むという背景も少なからずある。

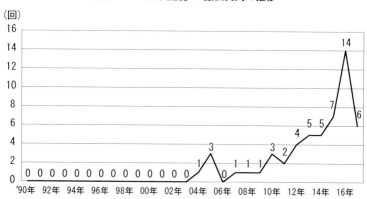

図表8　「公民連携」の議会質問の推移

(出典:全国47都道府県議会議事録横断検索 (https://chiholog.net/yonalog) をもとに筆者作成)

　筆者は、公民連携が進む背景として、①国等の法整備、②「新しい公共」の登場、③行政事務と自治体職員のギャップ改善、④人口減少の圧力、⑤首長意

向・議会質問の活発化、があると捉えている。これらは、それぞれが独立しているのではなく、相互に関連している。この５点の中でも、特に人口減少の圧力が大きいと考えている。人口が増加しない限りは、公民連携は進んでいくと考える。

6 政策が減れば公民連携は……

　１つ問題提起の意味を込めて言及したいことがある。それは「政策が減れば、公民連携は必要ないかもしれない……」という論点である。

　現在、多くの自治体が苦悩している。様々な苦悩があるが、その１つが療養休暇の増加である。このことは「５（３）」でも紹介した。療養休暇とは「職員が負傷または疾病のために勤務できない場合、医師の証明書等に基づき療養のために必要最小限度の期間、勤務することが免除される」という制度である。

　縮小時代では、基本的に職員が減少していく、職員が減少するならば、政策も減らさなくてはいけないだろう。しかしながら、政策は増加傾向にある。ここに「歪（ゆがみ）」が生じる。これが**図表７**のギャップになる。

　縮小時代は政策を減らさなくては、自治体の持続性はない。いまは多すぎる政策が公害化していると感じている。この観点から、筆者は「政策公害」という概念を提唱している。政策公害とは「自治体の政策づくりと政策実施によって、自治体職員や地域住民に、外部不経済をもたらす」と定義している。

　ここでいう外部不経済とは、自治体職員の療養休暇の増加や自治体職員のモチベーションの低下、当初意図した政策効果があらわれないなどが該当する。政策が多すぎるため、住民ニーズが的確につかめないということもできそうである。これからは意識的に政策を削減していくことが求められるだろう。

　既に言及したが、政策が増加するため「公民連携」が登場するという背景もある。現在の公民連携は前提が「事業が維持される」や「事業が増える」ということがあるようだ。事業は仕事と換言してもよいだろう。自治体の事業が減少していくのならば、公民連携に取り組む必要はないかもしれない。それを示したのが**図表９**である。その意味では（公民連携も大切であるが）、まずは自治体の事業を減らしていく取組も重要だろう。

図表9　「公共部門の縮小」のイメージ

（出典：筆者作成）

　余談になるが、事業を減らしていく視点を考える。自治体が実施する事業は、大きく2種類である。法定受託事務と自治事務である。法定受託事務と自治事務は、地方分権一括法[16]により、地方自治法に規定されることになった。法定受託事務を削減することはできない。そこで削減対象となるのは自治事務になる。まずは双方の事務数を明確に分けることから始める必要があるだろう。

　また、事業を減らすため、事業仕分けを条例化することも一案である。事業仕分けにいい印象を持っていない人が多いと思われる。事業仕分けとは「自治体の事業の必要性や実施等を公開の場で外部の視点を入れて問い直すことで、自治体の事業を再構築する取組」といえる。非営利の政策シンクタンク「構想日本」が始めた手法である。

　実は国の事業仕分けにより、「廃止」と決まった事業の多くが復活している。例えば、ある年度は、事業仕分けにより、「廃止」「段階的廃止」「縮減」と判断された事業の約8割が復活したという報道がある。このようなことが相次いで起き、事業仕分けは失敗したという論調もある。復活した理由は、事業仕分けが法的根拠を伴わないからである。

　筆者は「事業仕分け」そのものは評価している。自治体が事業を減らしていくという意思があるならば、事業仕分けのような仕組みを条例化するとよいだろう。条例に「毎年度事業を1割削減する」と書き込むことが考えられる[17]。法的根拠をもち事業仕分けを進めることにより、廃止と決まった事業は復活できなくなる。復活した場合は「条例違反」となる。

　公民連携を進める重要性は否定しないが、ここで記した「政策（事業）を減らす」という観点も大切と思われる。

---

[16]　地方分権の推進を図るための関係法律の整備等に関する法律
[17]　「条例に数値目標を書き込むのはいかがなものか」という意見がある。実は筆者も同感である。ただし強制的に事業仕分けの実効性を担保するには、この手法しか思い当たらない。ちなみに「千代田区行財政改革に関する基本条例」の第4条は「経常収支比率を85％程度にし、人件費比率を25％程度にする」と明記している。数値目標のある珍しい条例である。

7　競争と共創の土壌となる「公民連携」

　戸田市は公民連携を積極的に進めている（詳細は第3章から第6章を参照してください）。戸田市の公民連携は、自治体間競争に勝つ公民連携から、自治体間共創を土台とした公民連携に進化してきている。

　筆者は、自治体間「競争」は自治体間「共創」にも結び付くという持論がある。共創は「自治体が地域住民や民間企業、NPO、大学等の自治体外と『共』に活動して、イノベーションの『創』出につなげること」と定義できる。自治体間共創の行きつくところは、新しい価値観の提示である。公民連携は、自治体にイノベーションを起こす土壌となる。

　競争は「competition」である。共創は「cocreation」と英訳されることが多い。注目したいのは、競争にも共創にも「co」という言葉が入っていることである。この「co」は「共に」という意味である。Communication（交流）、Collaboration（協働）にもcoが入っている。

　つまり競争には「共に」という理念が組み込まれていると捉えてもいいだろう。しばしば、自治体間競争を完全否定する人がいる。確かに否定する意図は分かるが、競争の根底には「共に」という思想があるならば、闇雲に否定する必要はないだろう。

　公民連携は競争に勝ち抜く自治体をつくり、共創によりイノベーションを創出していく。その意味で、筆者は公民連携に可能性を感じている。なお、イノベーション（新結合）は、経済学者であるシュンペーターの言葉である。同氏はイノベーションこそ資本主義の本質と説いている。新結合による変化が経済発展させると述べている[18]。

　自治体を新しい次元に進化・深化していくために、公民連携はますます求められてくるだろう。

---

[18]　シュンペーターはイノベーションを次の5パターンに分けている。それは、①新しい商品・サービスの創出、②新しい生産方法の開発、③新しい市場の開拓、④原材料の新しい供給源の獲得、⑤新しい組織の実現、である。全てを満たすのではなく、それぞれがイノベーションになる。新結合というと重たいが「ちょっとした工夫」程度でよいと思う。

第Ⅱ部

「共感」を呼ぶ政策づくりと戸田市の教育改革

第1章

自治体シンクタンク「戸田市政策研究所」の軌跡
〜「共感」が高まる政策づくりの仕掛け〜

戸田市政策研究所

　ここからは、埼玉県戸田市の取組を中心に紹介する。

　人口減少時代において、戸田市は子育て世代を中心に人口増加が続いている。2015年の国勢調査では、前回（2010年）からの人口増加率で全国第7位（10.6%）、人口増加数でも全国第15位（1万3,071人）となっている。人口10万人台の市の中で、増加数ベスト20にランクインしているのは、千葉県流山市と戸田市のみである。

　このように人口増加のことを紹介すると、「首都圏に近い自治体だから人口が増えているのは当たり前」という批判を受けることがある。しかし、同じような地理的条件の自治体においても、人口を減少させている自治体が存在しているのも事実である。そのため、選ばれる自治体として戸田市が発展し続けていることには理由があり、それが政策形成力の高まる仕組みや仕掛け、他自治体との差別化戦略、将来を見据えた積極的な外部との連携などによるものであると捉えている。

　これからの時代、自治体の政策形成力が地域経済を発展させる要因となり、政策形成力の差こそが地域力の差となって表れてくるともいわれている。また、人口争奪戦ともいえる都市間競争は更に加速度を増していくことが予想され、この時代を勝ち抜くためには市全体の政策形成力の向上が不可欠な要素となっている。そこで、本章では自治体シンクタンク[1]である「戸田市政策研究所」を取り上げ、住民からの「共感」が高まる政策づくりの仕組みや仕掛けについて

---

[1] 自治体シンクタンクは、「自治体の政策創出において徹底的な調査・研究を行い、当該問題を解決するための提言を行うために設置された機関（団体）」と定義される。この自治体シンクタンクは、①研修所型、②自治体内設置型、③財団法人型、④第3セクター型──と大きく4つに分類される。

紹介していく。

1　戸田市ってどんなまち？

　読者の皆さんは、戸田市のことをどれだけ知っているだろうか。

　戸田市といえば、前回（1964年）の東京オリンピックでボート競技の会場となった「戸田ボートコース」がある。最近では、東京2020オリンピック・パラリンピック競技大会のボート競技会場の候補地として「彩湖」が一時期話題となり、ボート競技者以外からも「ボートのまち」として広く知られるようになった。また、近年「教育のまち」としても、先行的な取組が注目を集めている。

　しかし、このような紹介をしても、ボート競技者や教育関係者、首都圏にお住まいの方以外では、戸田市と聞いてもあまりピンとくることはなく、十分認知されているとはいえないのではないだろうか。実際、株式会社ブランド総合研究所が実施した「地域ブランド調査2018」によると、認知度は第496位（母数は1,000団体）となっている（ただし、全国的な認知度の向上を目指しているわけではない。この点は第2章で言及する。）。そこで、これから紹介する取組がどのような自治体で行われているのかをイメージしやすいように、まずは簡単に戸田市について紹介していきたい。

　戸田市は、埼玉県の南東部に位置し、荒川の自然に恵まれており、江戸時代には中山道の戸田の渡しが設置されるなど、交通の要衝として栄えてきたまちである。また、各種国際大会や国民体育大会のボート競技会場となる戸田ボートコースがあり、周辺には企業や大学の艇庫が数多く設置されている。そのため、市内に大学はないが日常的に多くの学生が活動しているまちである。ここで暮らしている学生は、戸田ボートコースで毎朝5時からボートを漕ぎ出し、学校から戻ってからも日没まで練習に励むなど、まさに青春をボートに捧げている。このことから、戸田ボートコースだけでなく、ボート競技者たちも戸田市自慢の地域資源となっている。

　この他にも年間百万人以上が訪れる、東京ドーム約14個分の広大なスポーツ・レクリエーションゾーン「彩湖・道満グリーンパーク」があり、都会の喧騒を忘れさせてくれる週末の貴重なオススメスポットとして、市民だけでなく市外の多くのファンからも愛されている。このように戸田市は、非日常を身近に体

感することができる水と緑豊かなオアシス都市となっている。

　さらに、東京に隣接した地理的条件はいうまでもなく魅力の1つであり、18.19㎢の狭い市域の中をJR埼京線が通り、新宿駅まで約20分で到着することができる。その結果、1985年のJR埼京線開通以降人口増加が続き、当時8万人に満たなかった人口は現在13万9,000人を超え、今もなお増加が続いている。また、平均年齢は40.5歳（2018年1月1日現在）と23年連続して県内で最も若く、子供の笑顔や笑い声が街中に溢れている。市外から来られた方から「こんなにも子供を乗せた自転車が多いのか」と驚きの声を耳にすることもあり、子育てに奮闘中のママ・パパの姿を当たり前の光景として目にすることができる。そのため、「地の利」と「人の利」に恵まれる将来にわたって持続可能なポテンシャルの高いまちであるといえる**（写真1－1）**。

写真1－1　空から見た戸田市

（出典：戸田市）

2　政策研究所の概要

　ここまで紹介してきたように、戸田市は地理的条件を中心として他の自治体よりも恵まれている点が多い。しかし、地理的な優位性のみでこの状況を維持し続けることは当然できず、先を見据えて展開してきた政策が好循環を生み出している要因であると捉えている。

　一方で、戸田市の外に目を向けると、国全体としては2008年から本格的に人口減少が始まり、人口争奪戦ともいえる都市間競争の時代に拍車がかかっている。そのため、これまで先進的と位置付けられていた自治体においても、現状

にあぐらをかいているようではすぐに追い抜かれてしまう状況となった。そこで、この時代を勝ち抜いていくためには、これまで以上に自治体職員一人ひとりの「政策形成能力[2]」が鍵を握ってくる。そして、職員一人ひとりの政策形成能力の積み重ねが自治体全体の「政策形成力」へと発展し、その結果、自治体の価値が高まることによって住民から選ばれる自治体へとつながっていく。

戸田市では、このような時代を勝ち抜いていくために、市全体の政策形成力の向上を目指して自治体シンクタンク「戸田市政策研究所」を設置し、時代に即した政策づくりに取り組んでいる。そこで、ここからは政策研究所を設置した背景から順に紹介し、特徴や活動内容、汎用性が高いと考えるポイントなどについて言及する。

なお、本書では、政策研究所で実践している「調査・研究の手法」に関して紙幅の都合上掲載せず、他自治体や議員からの視察[3]などで質問の多い内容を中心に取り上げる。政策研究所における調査・研究の手法に興味のある方は、前著の『選ばれる自治体の条件』の第1章・第2章で明記しているため、そちらを参照していただきたい[4]。

(1) 政策研究所の特徴

地方分権改革の進展により、自治体では国や都道府県の政策に頼ることなく、自身の責任と判断で進むべき方向を決定し、自立した行政経営を行うことが求められている。そこで、戸田市が市民満足度の高い行政活動を継続し、将来にわたり持続的な発展を目指すためには、刻々と変化する社会状況に合致した政策を積極的に展開していく必要がある。このような背景から、職員一人ひとりの政策形成能力を向上させ、市全体の政策形成力を高めることによって、政策を的確に実践していくため、2008年4月に自治体シンクタンクとして政策研究所を設置した。

---

[2] 政策研究所では「政策形成能力」を「問題を発見し、その問題を解決するため、自治体職員が一定の政策を構想し、目標を立てて、それを実現するために必要な枠組みと仕組みを創出し、政策を実現していく能力」と定義している。

[3] 政策研究所では、2017年度は33団体（233名）、過去5年間では114団体（808名）の視察を受け入れている。この他、外部での講演なども積極的に行っている。

[4] 牧瀬稔・戸田市政策研究所編『選ばれる自治体の条件－政策開発の手法と実践Ⅱ－』東京法令出版・2010。同書では、政策研究所で取り入れている具体的な調査・研究手法などを紹介している。

近年、こうした自治体シンクタンクを設置する自治体が相次いでいる。公益財団法人日本都市センターのホームページ内「都市シンクタンクカルテ」によると、48団体（2018年10月10日現在）が都市シンクタンク[5]（自治体シンクタンク）として公開されている。

最近の傾向としては、自治体の組織内に設置する「自治体内設置型」の形態を採用するケースが多くなっている。これらの自治体シンクタンクの中で、政策研究所の特徴としては、「政策秘書室」に設置していることが挙げられる。政策秘書室は、どの部局にも属さない市長直轄の組織であるため、政策研究所での研究成果を迅速に施策・事業化へと反映させることが可能となっている。

2018年度における政策研究所の体制としては、所長に副市長、副所長に政策秘書室長、主任研究員（2名）を配置している。主任研究員は課長級と係長級の2名となっている。このうち、専属で業務に従事しているのは係長級（副主幹）の職員1名である。また、学術的立場からサポートをする役割として、学識経験者1名を政策形成アドバイザーとして委嘱している（**図表1－1**）。

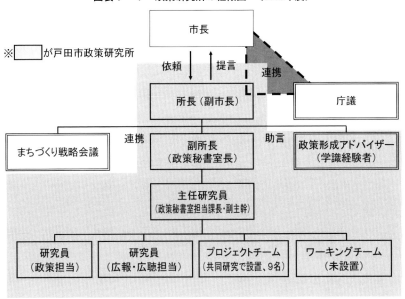

図表1－1　政策研究所の組織図[6]（2018年度）

(出典：戸田市)

他の自治体内設置型シンクタンクを観察すると、研究員として博士課程修了者などを採用しているケースが多くある。しかし、政策研究所では、少数体制を克服するため、研究テーマに応じて他の担当との兼務による研究員の発令を行い、更に「プロジェクトチーム」や「ワーキングチーム」を構成することで調査・研究活動を進めている。

　政策研究所におけるプロジェクトチームは、「分野横断的な行政課題に対し、効果的な解決策等の研究を進めるため、当該課題に関連する知識を有した研究員で構成する政策研究チーム」と位置付けている。プロジェクトチームの特徴としては、研究テーマに対する調査、分析、結論付けまでの一連を主体的に実施し、テーマに対する研究成果を導出する点である。

　一方で、ワーキングチームは、「研究目的に対する基礎的な調査を実施するため、当該調査に関連する知識を有した研究員で構成する調査作業チーム」と位置付けている。ここでは、研究を総括する主体（まちづくり戦略会議など）があり、その指示に基づいて基礎的・作業的な調査を実施し、決定機関へ結果を報告することとしている。このように、政策研究所の弱みである人員の部分に関して、他の部署から職員を呼び込むことで弱点克服を目指して取り組んでいる。

　政策研究所の研究体制に関しては、職員を研究員として取り組ませていることに対して調査・研究レベルに関する疑問を投げかけられることがある。確かに、民間のシンクタンクや専門家による研究報告書と比較すると、完成度の高さは劣っているかもしれない。しかし、研究テーマに応じて関係する部署から研究員を任命することは、関連部署でしか集まらない専門かつ最新の情報や知見を取り入れることができるというメリットがある。また、職員の人材育成を考えた場合、政策研究所の研究員一人の政策形成能力を急激に向上させるよりも、多くの職員に研究する機会を与えて成長を促すことの方が、市全体としての政策形成力は確実に向上する。さらに、自治体シンクタンクにおける研究成

---

(5)　「都市シンクタンク」は都市自治体が設置したシンクタンクであり、本書で紹介する自治体シンクタンクと基本的に同じである。都市自治体以外にも、埼玉県三芳町の三芳町政策研究所などのように自治体の規模に関係なく設置されている。
(6)　市長は、研究テーマを決定し、研究結果を提言として受ける。次長職で構成するまちづくり戦略会議は、政策研究所と連携して調査・研究を行っている。また、政策形成アドバイザーは、調査・研究に関して指導を行うとともに、外部とのパイプ役などの役割も担っている。

果に関しては、学術レベルの高い研究報告書を追い求め過ぎるのではなく、市民にも伝わるような分かりやすく温もりのある研究報告書が必要である。これらの理由から、多くの職員に調査・研究するきっかけをつくる体制は効果があると考えている。

　しかし、政策研究所では、内部だけで調査・研究を完結させることが最善策とは考えていない。職員研究員による調査・研究に加え、大学や外部機関との共同研究を実施していくことによって、専門的な調査・研究成果も導出している。

　この他の特徴としては、所長に大学教授などの専門家が就いている自治体シンクタンクが多い中、副市長が所長を務めていることである。地方自治法第167条第1項では、「副知事及び副市町村長は、普通地方公共団体の長を補佐し、普通地方公共団体の長の命を受け政策及び企画をつかさどり、その補助機関である職員の担任する事務を監督し、別に定めるところにより、普通地方公共団体の長の職務を代理する。」と定められている。そのため、副市長は「政策及び企画をつかさどる」役割があり、自治体シンクタンクの長としてはふさわしく、効果が発揮されやすい体制へと成長することが期待できる。

　さらに、政策研究所では「市政に関する総合的な調査研究を行う」ことを目的としており、①市の政策及び施策の調査研究、②市の政策及び施策の提言、③市長公約の進行管理、④市長公約と行政計画との整合――の4つの柱を中心に進めている。このような事務を進めていくためにも、市長をブレーン的に補佐する役割のある副市長が所長であることは、調査・研究から次のステップへのつながり、他の施策との関連性などを考えても適しているのではないかと考えている。

(2)　機能と事業

　次に、政策研究所の具体的な機能と事業の概要について紹介する。
　政策研究所の機能としては、大きく「調査研究機能」と「政策支援機能」の2つに分かれている**(図表1－2)**。

図表1−2　政策研究所の機能と事業

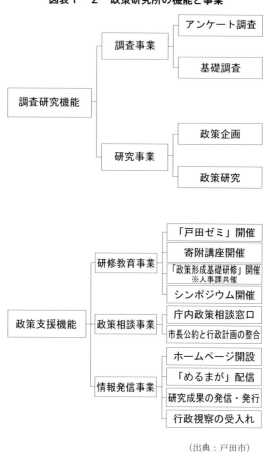

（出典：戸田市）

　調査研究機能の中の「研究事業」では、研究員がそれぞれ研究テーマを持ち、短期間で結果を出す「政策企画」と、中・長期的に成果を出す「政策研究」を実施している。

　研究事業では、市長や所長から提示された課題や、庁内で募集した課題から、市長により選定されたものを研究テーマとして取り組んでいる。また、先述したとおり研究事業を進めるうえで必要が生じた場合には、各部署の職員を研究員として任命し、プロジェクトチームやワーキングチームを構成して調査・研究を進めている。

　また、2012年度からは、大学や研究機関との共同研究を実施している。これ

は、大学等との事業協力に関する協定締結を踏まえて実施しており、より学術的な研究成果や調査の円滑化・省力化が図られるといった効果がある。共同研究を実施することで、政策研究所において不足していた専門性を補完するとともに、研究手法や解析方法を大学や外部機関から学ぶことで、研究員の能力向上にもつなげている。

続いて、「政策支援機能」としては、「研修教育事業」「政策相談事業」「情報発信事業」の3つの事業を展開している。

まず、研修教育事業では、職員一人ひとりの政策形成能力の向上を目指した取組を実施している。代表的な取組としては、若手職員を対象とした庁内自主勉強会「戸田ゼミ」がある。また、戸田市から大学へ講座を提供する「寄附講座」や、入庁1年目の職員を対象とした「政策形成基礎研修」などを開催している。

次に、政策相談事業では、庁内向けの政策支援として「庁内政策相談窓口」を設けている。また、「市長公約と行政計画の整合」では、市長公約が行政計画の中でどのように行われているか、総合振興計画や施策・事務事業との整合を図っている。

さらに、情報発信事業では、政策研究所「ホームページの開設」や月1回「めるまがの配信」を行っている。また、「研究成果の発信・発行」を行うだけでなく、「行政視察の受入れ」などを通じて戸田市や政策研究所の情報を積極的に発信している。

以上、簡単に機能の概略を説明してきたが、引き続きそれぞれの取組について具体的に紹介していきたい。

3　調査研究機能

ここからは、調査研究機能について研究テーマの決定から順に紹介し、調査・研究までの事前準備や過去の事例などについて言及する。

まず、研究テーマの決定までの流れについて紹介する。

政策研究所では、前年度の後半に翌年度における活動方針として「政策研究所運営方針」を定めている。ここでは、調査研究機能と政策支援機能のそれぞれにおいて、どういった取組を進めていくかを計画的にまとめている。ただし、

この時点で全てを決定するのではなく、柔軟性を持たせた方針としている。

　例えば、調査研究機能において、どのような研究テーマに取り組んでいくかなど、具体的な項目までは含めていない。政策研究所では、庁内の各部局や職員個人に対して研究テーマを募集しており、市の発展に求められる中・長期的な行政課題や、未着手の課題などの提案を広く呼び掛けている。ただし、この中では、現在取組中の案件や担当において結果を出すことが可能な事務事業の課題については、原則該当しないものとしている。

　このように庁内向けに研究テーマを募集することは、職員一人ひとりに対して行政課題を自分事として捉えるきっかけをつくることができ、更に応募のあった研究テーマの提案から、分野横断的な行政課題が明らかになるといった効果も期待できる。

　ここまでの研究テーマ決定までの流れをまとめると、①政策研究所運営方針の決定から、②庁内向けの研究テーマ募集を行い、③応募のあった研究テーマに加え、④市長・所長が提示する研究テーマを含めて協議を重ね、最終的に⑤市長によって研究テーマを決定している。

(1)　研究計画書

　続いて、研究テーマが決まった後の調査・研究を本格的に開始するまでに欠かせない「研究計画書」について紹介する。この点については、政策研究所で特に重要視している内容であるため、基本的な事項であるが詳しく紹介したい。

　政策研究所では、全ての調査・研究を進める前に、必ず研究計画書を作成している。研究計画書に関しては、作成ルールを定めており、当たり前と考えられることに対してもしっかりと検討し、調査・研究が効率的・効果的に進むための準備を欠かさず行っている。

　この研究計画書は、家の建築に例えるならば設計図に当たる重要なものである。図面も何もない状態から建て始めることは場当たり的であり、稚拙な設計図であると建築がうまく進まないばかりか、完成された家の出来栄えにも関わってくる。そのため、設計図に当たる研究計画書の出来栄えによって、調査・研究のゴールが左右されると考えている。そこで、研究計画書については詳しく言及したい。

研究計画書では、①テーマ名、②研究概要、③研究の背景、④研究の目的、⑤先行事例・先行研究、⑥研究の方法、⑦計画（スケジュール）、⑧期待される成果、⑨参考文献——の９点を中心にまとめている。

　まず、①テーマ名から順にポイントを紹介する。このテーマ名については、誰にでも分かりやすいことを常に意識し、具体的な名称を意識している。自治体シンクタンクとして実施する調査・研究に関しては、多くの市民に理解していただく必要がある。そのため、テーマ名を決定する際、主題だけで説明が足りない場合は、必要に応じて副題をつけ、なるべく固くならないテーマ名とするように配慮している。

　②研究概要については、一般的な研究報告書のように研究計画書にも概要を書き込んでいる。これは、政策研究所に限らず、自治体シンクタンクとしてどのような調査・研究に取り組むのかについて、対外的に発表する必要があるためである。また、議会などでの説明を考えると、テーマ名のすぐ後ろに研究概要がまとまっていることで、説明しやすいものとなる。そのため、政策研究所では、③研究の背景から⑧期待される成果を書いた後、まとめの意味を込めて記載している。

　③研究の背景については、「なぜ、この調査・研究に取り組む必要があるのか」を簡潔に書き込んでいる。調査・研究を行ううえでは、必ず問題や課題を生じさせている背景がある。そこで、調査・研究の背景や必要性を分かりやすくまとめている。

　④研究の目的については、「本研究の目的は、……を明らかにする。」あるいは「本研究は、……を明らかにすることが目的である。」という文章で統一している。ここでは、調査・研究を進めて「何を明らかにするのか」を明確にしている。つまり、調査・研究を進めるために「仮説」を事前に設定している。ここでの仮説は、「仮の結論」であり、明らかにしたいことをまとめることとしている。

　⑤先行事例・先行研究については、他の自治体や民間企業などの先行事例を確認し、その事例がどのように住民の福祉の増進に寄与しているかをできる範囲で記載している。また、この時点で戸田市への移転可能性を事前に検討するとともに、今後の視察やヒアリング調査なども考えてから設定している。なお、

先行研究の場合は、調査・研究を実施するに当たり参考とする先行研究を書き込む。

⑥研究の方法については、どのような調査・研究をするのかを具体的に記載する。例えば、「文献調査」「資料調査」「統計加工」「統計解析」「委員会形式」「アンケート調査」「インタビュー調査・ヒアリング調査」「ワークショップ」「現地調査」などがある。このような方法の中から研究テーマに応じて事前に設定し、それぞれに対する補足的な説明を加えている。

⑦計画（スケジュール）については、調査・研究期間内にどのような流れで作業を行うのかを図表に落とし込んでいる。ここでのポイントとしては、作業内容を研究報告書で想定する各章と合わせることを意識している。そのため、最終的な研究報告書の目次案に関しても、この時点で事前に検討し、ゴールまでの道筋をある程度見通しておくことが必要である。

⑧期待される成果については、研究を進めて導出されると考えるアウトプットを書き込んでいる。これも、④研究の目的と同様に仮の結論である。また、事業提案を想定する場合、その事業を実施するとどのようなメリットがあるかを事前に設定しておく。

最後に、⑨参考文献については、研究計画書を作成するに当たって参考とした、文献やホームページなどを書き込んでいる。

以上の９点については、基本的に全ての調査・研究においてそれぞれ検討している項目である。繰り返して言及するが、研究計画書をしっかりと作成することによって目的が明確となり、ゴールを見据えて検証していくことが可能となる。そのため、もし事前の準備をおろそかにしていると思い当たる方は、基本的な内容であるためぜひ参考にしていただきたい。

(2)　政策企画

ここまで調査・研究を開始するまでの準備について紹介してきた。ここからは、調査・研究の具体的な事例について触れていきたい。

政策研究所では、調査・研究内容に応じて「政策企画」と「政策研究」に分けて取り組んでいる。政策企画は、「施策化・事業化を前提とした研究事業で、原則として１年間で結論を導出するもの」としている。また、政策研究は、「必

ずしも施策化・事業化を前提としない研究事業で、数年間で結論を導出するもの」と定義している。

　本章では、政策企画の事例として2013年度の「スマートフォン等を活用した新たな市民参加に向けた研究」を取り上げ、①研究の背景、②研究の概要、③事業化へと反映した流れについて紹介する。

① 研究の背景

　近年、自然災害の激甚化や感染症の発生などを背景に、安心・安全に対する市民の意識が高まっている。また、情報機器の発展や交通網の充実、ライフスタイルの変化等により市民の価値観が多様化する中、地域課題の解決に向けた行政への期待は今まで以上に強まっている。

　一方で、行政の財政事情は年々厳しさを増し、人員を抑制することで財源を確保して市民サービスに転換する動きが進んでいる。戸田市では、定員適正化計画を策定し、一般行政職の職員に限定すると、(研究当時の)10年前(2002年4月現在)に627名いた職員を568名(2012年4月現在)まで減少させている。

　しかし、多様化・高度化する市民ニーズに対応するためには、限られた財源を効果的かつ効率的に運用するだけでは足りず、市民などとの協働による取組が不可欠であり、それぞれの意見を迅速かつ的確に吸い上げるような仕組みが必要である。研究当時、市民からの声を施策に反映させる仕組みとして、パブリック・コメント制度や市民の声、各所管団体からの要望などはあったが、反映までに時間がかかるといった欠点があった。

　このような背景から、市民一人ひとりの力を集結し、地域の力で身近な課題を解決するためにも広聴・広報機能を充実させることが必要であった。特に、スマートフォンの普及に伴い、インターネットを活用して意見を収集する施策は有効と考え、研究を開始したものである。

② 研究の概要

　研究体制としては、関係部署の職員4名を研究員に任命し、プロジェクトチームを構成して取り組んでいる。

　調査・研究としては、まず戸田市のまちづくりの手法や広聴・広報活動を中心に実態調査を進め、市民と行政との関わりをまとめることから開始した。続いて、埼玉県内62市町村や東京23区、神奈川県・千葉県の自治体に対してアン

ケート調査を実施し、行政によるスマートフォンアプリケーションの活用状況を把握した。さらに、先進自治体の事例調査を行うことで、アプリケーションの効果を検証した。最後に、前記の調査結果を踏まえ、戸田市で導入した場合に最も効果的なアプリケーション案を検討し、そのアプリケーション開発に係る仕様書まで作成した。

研究結果としては、スマートフォンの「携帯性に優れ外出先でも利用しやすい点」「インターネット接続によりリアルタイムで情報発信できる点」「ＧＰＳや写真データ、地図情報等を利用したサービスが提供できる点」の３つが特長であり、これらは既存の行政情報ツールではどれも対応できないものであった。そのため、スマートフォンアプリケーションの活用は、市民と行政の双方にとってメリットがあるとの結論付けを行った。

また、今後戸田市がよりよいまちへと発展していくためには、市民が我がまちに関心を持ち、積極的にまちづくりに参加していくことが肝要であることを明確にした。さらに、今回研究したスマートフォンアプリケーション自体がコミュニケーションの場となる可能性を秘め、市民同士でも活用することで、地域の身近な情報が集まり、地域の力を結集することができることを提言された。

③ 事業化への反映

研究終了後、市長から今回の研究結果は戸田市が目指す市民と行政の協働によるまちづくりの推進に向けた具体的な内容であり、市民との話し合いを通じて、アプリケーションの開発・運用の事業化を進めるよう指示があった。

そこで、2014年度戸田市スマートフォン用アプリケーション検討市民会議を設立し、アプリケーションの導入に向けて開発段階から市民との議論を行った。その後、会議での意見を踏まえ、同年12月スマートフォンアプリケーション「tocoぷり」を開発した。

「tocoぷり」は、行政が一方的に開発したアプリケーションではないため、開発に携わった市民や市民活動団体から広がっていき、実際戸田市公式スマートフォンアプリケーションとして浸透し始めている。アプリケーション名の「toco」の意味は「"to"da"co"mmunity」から会議の委員によって名付けられ、地域の情報共有だけでなく、市民同士の心をつなぐツールとして進化してほしいとの願いが込められた。

この「tocoぷり」には、「交流」「広聴」「広報」の大きく3つの機能を搭載しており、アプリケーションに投稿された情報によって地域の情報共有が進み、地域の課題が人とのつながりによって解決する仕組みが整備された(**図表1－3**)。

図表1－3　スマートフォン用アプリケーション「tocoぷり」

(出典：戸田市)

 2018年12月末時点での「tocoぷり」ダウンロード数は、8,993件となっている。今後も、利用者からの声を集結し、これまで以上に新たなつながりができるアプリケーションを目指していく予定である。

 また、この研究は対外的にも高く評価をいただいており、公益財団法人日本都市センターの第5回都市調査研究グランプリ(ＣＲ-1グランプリ)でグランプリを受賞することができた。これは、研究成果の活用だけでなく、研究員として参加した職員のモチベーション向上にもつながっている。

 最後に、政策研究所における施策化・事業化に向けた仕組みとして重要な「実施指示書」について紹介する。せっかく時間をかけて調査・研究をしたとしても、その成果が日の目を見ないで埋もれてしまっては意味がない。そこで、研究成果は市長へ提言し、その後の流れを確立しておくことにより、施策化・事業化へとつなげている(**図表1－4**)。

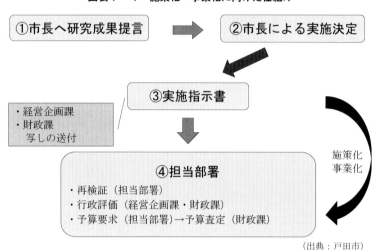

図表1-4　施策化・事業化に向けた仕組み

(出典：戸田市)

　研究終了後の流れとしては、①市長へ研究成果を提言し、市長によって内容の確認が行われる。その後、戸田市にとって有効であると判断された場合、②市長による実施決定が行われ、③実施指示書が担当部署に対して示される。また、実施指示書については、担当部署以外にも市全体の施策を管理している経営企画課、予算措置を行っている財政課にも通知されることで、担当部署が次のステップへと進めやすい工夫をしている。この仕組みを事前に構築しておくことによって、調査・研究で完結しない、その後を見据えた流れにつながっているのではないだろうか。

(3)　政策研究

　政策研究所では、研究事業として「政策研究」と位置付けた調査・研究にも取り組んでいる。政策研究は、「必ずしも施策化・事業化を前提としない研究事業で、数年間で結論を導出するもの」と定義し、中・長期的な課題に対する調査・研究と位置付けている。

　政策研究の説明については本章では省略し、第2章のシティプロモーション事例の中で紹介していく。さらに、第4章以降においては、住民からの共感が高まる外部との共同研究を事例として取り上げる。

4 政策支援機能

　続いて、政策研究所の2つ目の機能である「政策支援機能」について紹介する。

　自治体シンクタンクにおいては、調査研究機能以外にも、政策人材の育成や関係部署をサポートする政策支援の役割が期待される。職員一人ひとりの政策形成能力の向上を図るためには、政策研究所の研究員のスキルアップだけが求められるのではなく、職員全体を底上げし、市全体の政策形成力を高めていく必要があるためである。

　佐々木信夫氏[7]は、これからの自治体に関して「いかにして知識人間（グライダー人間）ではなく知恵人間（飛行機人間）を集め、育てるかにポイントがかかる。これからの自治体は、エンジンを持つ飛行機人間を育成しなければ、時代の要請に応えるのは難しい。そうした努力なくして組織力は向上しない。具体的には、政策マン育成のため、自主研究活動を組織的に奨励し、人材の育成と研究成果の政策化をどんどん行うべきだし、研究活動の拠点となるシンクタンクも設立すべきである」（佐々木、2000、p.151－p.152）と、政策づくりや人材育成の必要性などについて言及している。このように自治体シンクタンクとしては、自ら考え行動する職員（飛行機人間）の育成にも注力する必要があり、政策研究所としては、政策支援機能を大きな柱の1つと位置付け、「研修教育」「政策相談」「情報発信」の3つの事業に取り組むことによって、前へと進めている状況である。

　そこで、ここからはそれぞれの事業について、研修教育事業から順に紹介する。

(1) 研修教育事業

　研修教育事業においては、職員一人ひとりの政策形成能力の向上を目指した取組を実施している。今回は、代表的な取組を3つ紹介する。
① 庁内自主勉強会「戸田ゼミ」
　まず、庁内自主勉強会「戸田ゼミ」について紹介する。

---

[7] 佐々木信夫『自治体の公共政策入門』ぎょうせい・2000

戸田ゼミは、次代の戸田市を担う主任相当職（主に入庁10年目まで）以下の若手職員を対象として、毎年5月から翌年2月にかけて月1回程度開催している。戸田ゼミは、自主勉強会という位置付けであるため、業務終了後の午後6時から基本的に実施し、参加者に対して超過勤務手当の支給は行っていない。あくまでも自発的な参加としている。

　現在、戸田ゼミに参加している職員は約20名となっているが、2017年度で開始から10年が経過したこともあり、延べ200名以上の職員がゼミに登録して参加してきた。また、この中では、主任相当職から昇任し、ゼミを卒業した職員も多数いる。そのため、毎年度新しい参加者を募集し、既存の参加者だけの枠組みで実施するのではなく、新規採用職員を中心とした新しい仲間が加わることで、ゼミの活性化を図っている。

　戸田ゼミでは、次の3つの目的を持って取り組んでいる。1つ目は、「職員の政策形成能力の向上」である。ゼミに参加した職員の政策形成能力は、参加する前に比べて必ず半歩でも前進している。参加者は職員中心であるが、所属する部署により同じテーマで議論しても全く異なる見解になることがある。多様な価値観をゼミの中でぶつけ合い、融合させることによって新しい視点や発想という新機軸が生まれてくると捉えている。

　2つ目の目的は、「新しい視点や発想の促進」である。戸田ゼミでは、民間企業の方や大学の先生などを講師としてお招きし、講座を実施している。普段の業務や研修においては、当然ながら行政の取組を中心に学んでいるが、柔軟な発想や前例にとらわれない考え方を身に付けるためには、異なる業種の方から直接話を聴き、議論を交わすことが非常に効果的である。また、外部からの講師をお招きする講座に関しては、ゼミ以外の職員にも広く呼び掛けることで、多くの職員に参加する機会を提供している。

　最後に、3つ目の目的は、「庁内における新しいコミュニティの形成」である。同じ自治体に勤務する職員同士だからといって、必ずしも面識があるとは限らない。これは、意思疎通の障壁になる可能性があり、様々な場面でデメリットとして働くおそれがある。ゼミを通じて庁内に多くのつながりをつくることは、自治体政策を進めるうえでの大きなメリットとなる。様々な部署で実践している職員が集合し、意見交換や議論を通じて一種の共同体的感覚が芽生え、新し

いコミュニティの形成へとつながっていく。このコミュニティが強固になるほど、都市間競争に職員一丸となって取り組むことができ、厳しい時代を勝ち抜いていく礎になると考えている。

また、他の自治体で実施されている自主研究会と戸田ゼミの違いとしては、政策研究所が事務局となり、座長として政策形成アドバイザーが毎回参加している点である。ゼミの話し合いの中では、議論が進展せず立ち止まってしまうケースもある。このような状況においても、アドバイザーから助言やヒントをいただくことによって、次のステップへと進むことができる。

このほか、戸田ゼミでは、基本的に年間のテーマを参加者同士の話し合いで決定している。そして、テーマに応じてアドバイザーから様々な自治体の事例を紹介していただいたり、外部とのつながりを構築していただいたりすることで、学びたい内容をタイムリーに学べ、参加者の学習意欲が高まり、継続的な実施へとつながっているのだと実感している。

最後に、上記以外の戸田ゼミで意識している点を挙げるとすると、「事務局自体がしっかり学ぶこと」「無理せず頑張りすぎないこと」「懇親会を開催すること」の3つがある。事務局自体がゼミで学ぶ意識を持ち、参加者にとっても苦にならない程度とし、更に楽しみながら開催することが継続性を担保する秘訣であると考えている。

また、戸田ゼミの最終目標としては、職員の政策形成能力のはしごをイメージして取り組んでいる（**図表1−5**）。これは、目標の達成のための段階とも換言することができる。

図表1−5　戸田ゼミ「政策形成能力」のはしご

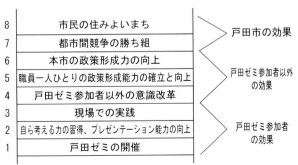

（出典：牧瀬稔・戸田市政策研究所編『政策開発の手法と実践』東京法令出版・2009）

まず、若手職員を集め、「1段目　戸田ゼミの開催」を行うことから始まる。そして、ゼミでの技能習得として「2段目　自ら考える力の習得、プレゼンテーション能力の向上」が図られる。その後、「3段目　現場での実践」により、知識が知恵へと変化していく。

　続いて、ゼミ参加者が自らの職場において伝道師となり、「4段目　戸田ゼミ参加者以外の意識改革」が行われ、「5段目　職員一人ひとりの政策形成能力の確立と向上」につながっていく。このことは、「6段目　戸田市の政策形成力の向上」へと結実していく。そして、戸田市としての政策形成力の向上は、「7段目　都市間競争の勝ち組」となり、最終的には住民の福祉の増進が実現され、「8段目　市民の住みよいまち」へと変貌を遂げていくことを最終的な目標として掲げている。

　戸田ゼミを開始してから10年経過したが、残念ながらまだまだ戸田市全体の効果までは波及していない。しかし、着実にゼミ参加者の意識は高まり、政策形成能力のはしごをゆっくりと上っているのではないかと考えている。今後も、まずはゼミ参加者の学びたい気持ちを大切にし、2段目や3段目の段階から4段目以降の参加者以外の効果へと広がっていくことを目指して実施していくつもりである。

② 寄附講座

　次に、大学での「寄附講座」について紹介する。

　政策研究所では、2009年度に「行政と大学の連携によるまちづくりの可能性」について、政策企画として研究に取り組んでいる。ここでは、市内に大学のない戸田市が域外の大学との関係づくりを構築するため、戸田市側から大学側にもメリットのある試験的な寄附講座の提供を開始し、そこから発展して継続している事業である。

　現在、2012年度に事業協力に関する協定を締結した、目白大学社会学部地域社会学科の秋学期（全15回）において、寄附講座を実施している。

　大学での講座に関しては、いくつかの自治体で実施されている。しかし、政策研究所としては職員の政策形成能力の向上を目指しているため、講師を若手職員としている点が特徴である。ここでは、管理職でないことがポイントである**（写真1－2）（図表1－6）**。

写真1－2　寄附講座の様子

(出典：戸田市)

図表1－6　寄附講座の講義内容（2018年度）

回数	内　　　容	担当部署
1	戸田ってどんなまち？〜概要〜	政策秘書室
2	市役所も経営の時代	経営企画課
3	子育て家庭にやさしいまちづくり	こども家庭課
4	公務員の現場より①	保育幼稚園室
5	戸田市の教育の魅力	教育政策室
6	情報発信力の強化	政策秘書室
7	公務員の現場より②	消防署
8	災害に強いまちづくり	危機管理防災課
9	地方自治体の財政運営の仕組み	財政課
10	戸田市の環境政策	環境課
11	市民との協働によるまちづくり	協働推進課
12	戸田市の観光行政	経済政策課
13	戸田市の福祉政策〜障害者福祉を中心に〜	障害福祉課
14	戸田市の生涯学習	生涯学習課
15	戸田市の人材育成〜採用からキャリアアップ〜	人事課

(出典：戸田市)

　政策形成能力を向上させるためには、「思考」「文章作成」「プレゼンテーション」が重要である。寄附講座の講師については、自分の担当業務を見つめ直す必要があり、その内容を文章にまとめ、学生に対して分かりやすく説明する必要がある。そのため、この過程を経験することは、担当した職員の成長に直結するものと考えている。

また、講義を受講する約80名の学生については、実際に公務員志望者も多くいる。講義において、比較的年齢の近い職員から実際の業務や就職に至るまでの実体験などを聴くことによって、意識の向上にも寄与しており、大学と市の双方にとってメリットのある事業となっている。

③　政策形成基礎研修

　続いて、人事課との共催として実施している「政策形成基礎研修」について紹介する。

　戸田市では、入庁1年目の新規採用職員に対して「市職員として必要とされる基礎的知識技能を習得させ、公務員としての心構えと職場への適応性を養う」ことを目的に、9月に新規採用職員研修（後期）を5日間の日程で開催している。ここでは、接遇応対や文書作成のほか、政策づくりの基礎を学ぶために政策形成基礎研修を実施し、政策づくりの重要性や問題発見に必要な視点などを学ぶ機会をつくっている。

　政策形成基礎研修では、前半に政策づくりにおける「問題を発見する」ことの重要性を説いている。問題を正確に把握できないと、その後の解決策が全く意味をなさないものとなり、場合によってマイナスに働いてしまう。そこで、問題発見に必要な視点として、①（物事を1つの方向からではなく）360度から考えること、②先入観や偏見を捨てること、③数字を把握すること――の3つを説明し、イメージや前例にとらわれない意識づくりを促している。

　また、後半では、戸田市の「将来都市像」や「基本理念」、「市の花」などの基本的な事柄を振り返るとともに、どのような戸田市をつくっていきたいかなどを職員同士で議論する場を提供している（**写真1－3**）。

写真1－3　政策形成基礎研修の様子

（出典：戸田市）

民間企業では、社員一人ひとりが企業のビジョンを共有し、同じ方向を向いて企業活動を進めることは当たり前である。これは、自治体においても共通するものであり、職員全員がビジョンを共有し、同じ方向を目指して業務に当たることが重要である。
　読者の皆さんは、ご自身の自治体の目標（将来都市像）を聞かれて、即座に答えられるだろうか。また、ご自身の自治体の「強み」を聞かれて簡潔に説明できるだろうか。
　入庁間もない時期では、政策づくりに関わる機会は少ないかもしれない。しかし、早期の意識付けを行うことによって、その後の成長につながっていくものと考えている。

(2) 政策相談事業

　次に、政策相談事業における「庁内政策相談窓口」と「市長公約と行政計画の整合」の２つの取組について紹介する。

① 庁内政策相談窓口

　まず、庁内向けの政策支援として、政策相談の窓口を設けている。
　戸田市では、2015年度の予算編成から、委託料の予算計上の基準として「政策立案・計画策定・調査研究は、職員対応が原則であり、業務委託は十分な合理性が認められるものに限定すること。」を要領に明記している。その結果、職員自らが計画を立案することが求められるようになったといえる。しかし、社会情勢の変化が激しい時代において、全ての政策立案を外部委託に頼らず行うことは難しい。一方で、比較的簡単な調査などに関しては、職員のみで対応することも可能である。
　そこで、政策研究所の保有する外部とのネットワークを活用し、外部の専門家を担当部署に派遣し、職員に対して指導を行うことで職員自らが正確な調査結果を導き出せるように支援している。具体的には、計画策定前に実施するアンケート調査の設計や集計、分析方法などを指導し、職員自身の能力を向上させることによって、計画策定へとつなげているものである。こうした取組を通じて、根拠となる数字を正確に理解することができ、現状と課題をしっかりと把握することにつながっており、効果的であると考えている。

また、この他の取組としては、庁内にあるデータの集約を進め、行政データや調査結果、各種行政計画の一元化を進めている。

　戸田市では、部署ごとに様々なデータを保有しており、公開可能なデータについてはホームページにて外部にも公開している。しかし、公開しているデータ以外にも多くのデータや計画策定時に収集した調査結果、行政計画などが存在しており、これらの情報は担当部署以外でも広く活用できるものである。特に、行政計画を策定する前に実施する定量調査結果については、他の計画や政策立案にも十分活用できるものである。そのため、庁内のサーバ内に「庁内データ貯蔵庫」を構築して飽和する情報を集約し、見える化することによって、政策づくりの簡素化にもつなげている。調査・研究やその後の政策立案においては、「データ収集」と「データ分析」が鍵を握っており、庁内データ貯蔵庫を構築することによって、データ収集のしやすい環境づくりが進みつつある。

　なお、庁内データ貯蔵庫の情報に関しては、個人情報に関するものは除いており、あくまで政策研究や政策立案の参考となる情報に限定している。

② 　市長公約と行政計画の整合

　続いて、市長公約と行政計画の整合について簡単に紹介する。

　政策研究所では、先述したとおり、市長公約の進行管理や市長公約と行政計画との整合を図る業務も行っている。これは、他の自治体シンクタンクには見られない特徴である。その理由としては、政策研究所が市長直轄の政策秘書室に置かれているためである。そのため、他の行政計画とも整合を図りながら取り組んでいる。

(3) 　情報発信事業

　次に、情報発信事業として政策研究所の3年目（2010年度）から継続している「めるまがの配信」や「行政視察の受入れ」について、紹介する。

① 　めるまがの配信

　政策研究所では、設置当初は戸田ゼミや政策形成基礎研修など、庁内向けの職員を対象とした事業に比重を置いていた。しかし、調査・研究などのコンテンツが蓄積してきた段階で、対外的にもより戸田市や政策研究所を売り出すことを目的に、その手法の1つとしてめるまがの配信を開始した。めるまがは、

戸田市のシティプロモーションの一環でもあり、政策研究所以外にも戸田市の一押し情報を広く配信している。

めるまがの配信は、過去に政策研究所の研究員が名刺交換をした方を中心に実施しており、配信希望者に関しては政策研究所のホームページなどを通じて随時受け付けている。また、配信頻度としては、5月から翌年3月までの月1回としており、これまでに90回以上の配信を行っている。

コンテンツは、毎年度検討して決定しており、自治体関係者を中心に関心の高そうなテーマとなるように工夫している。2018年度としては、①政策形成アドバイザーの徒然、②政策研究所の活動紹介、③戸田のここに注目！、④戸田ゼミの取組――の4点を主な柱としており、この他にオススメの情報があれば追加のお知らせを紹介している。

また、めるまがの配信アドレス数は、500を超えており、団体宛のアドレスも多いことから、配信数の数倍に及ぶ受信者に対して毎月情報を届けることができており、定期的な情報配信媒体としてうまく活用している。

② 行政視察の受入れ

次に、行政視察の受入れについて紹介する。

政策研究所では、議員や自治体職員から多くの視察申込みをいただいており、日程や内容の確認などを行ったうえで、なるべくご希望に沿えるように調整して引き受けている。

過去5年間の受入れ件数としては、2013年度10件（71名）、2014年度25件（176名）、2015年度18件（122名）、2016年度28件（206名）、2017年度33件（233名）となっている。5年間の合計としては、114団体（808名）に戸田市へお越しいただき、直接政策研究所の取組を紹介することに成功している(**図表1－7**)。この中で、受入れ件数の減少した年も一度あるが、依頼件数自体は毎年増加しており、政策研究所の認知度も徐々に高まっている。

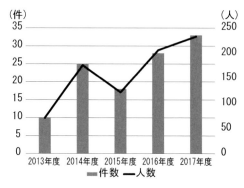

図表1-7 視察の受入れ件数推移（2013-2017年度）

(出典：戸田市)

　視察の受入れについては、その時間帯を視察対応にとられてしまうため、若干デメリットもある。しかし、全国からお越しいただいた議員や自治体職員と情報を交換できる貴重な機会となるため、受入れ側にとってもメリットがある。さらに、視察からそれぞれの自治体に戻った後、必ず政策研究所を視察したことを報告するため、政策研究所の取組が視察者以上に広く伝わり、多くの方に情報が伝達されると考えている。

　この他にも、過去に2冊の図書出版[8]をしていたり、対外的な講演なども積極的に引き受けたりすることによって、普段は見えにくい政策研究所の認知度向上に取り組んでいる。このような取組を通じて、外部から政策研究所の評価が高まり、その情報が市民や市の関係者へと波及していくことによって、結果として内部からの評価も高まっていくものと捉えている。

5　これからの時代を見据えて

　ここまで戸田市の紹介から政策研究所の特徴、具体的な取組として2つの機能などについて、具体的な事例を交えて紹介してきた。最後に、本章のまとめの意味合いを込めて、将来を見据えた政策研究所の方向性について言及する。

　政策研究所は、設置から5年間（2008年度～2012年度）を「基盤づくり期」

---

(8)　牧瀬稔・戸田市政策研究所編『政策開発の手法と実践－自治体シンクタンク「戸田市政策研究所」の可能性－』東京法令出版・2009。牧瀬稔・戸田市政策研究所編『選ばれる自治体の条件－政策開発の手法と実践Ⅱ』東京法令出版・2010。

と位置付け、活動基盤の整備や認知度向上、研究成果の施策化・事業化へとつなげる仕組みづくりなどに注力してきた。また、その後の5年間（2013年度～2017年度）を「発展期」と位置付け、専門性の向上や外部とのネットワークの構築、職員に対する政策支援の強化などを中心に進め、体制の整備に努めてきた。その後、2018年度からは「成熟期」と位置付け、更なる調査・研究体制の確立に加え、外部との積極的な連携を通じて、これまで以上に職員一人ひとりの政策形成能力の向上を目指して歩み出したところである。

　一方で、自治体シンクタンクとして政策研究所を設置した背景としては、日常の多忙な業務に追われてしまい、中・長期的かつ分野横断的な行政課題に対し、積極的に調査・研究を行う機会が失われていることにあった。また、現在は、職員一人ひとりの政策形成能力の向上が不可欠であり、これらの課題を解決する手段として、自治体シンクタンクが採用されたところである。

　今後、急速に進行していく人口減少時代での行政運営に関しては、これまでの経験則では解決できない課題が数多く発生し、職員の政策形成能力がますます求められていく。そのため、職員一人ひとりの政策形成能力から、市全体としての政策形成力を高めることで、政策自体がまちの「ブランド」として認識されることを目指し、磨き続けていくことが必要である。

　現在、様々な課題がいくつも同時に発生しており、その一時的な対応策である「対策」に終始している自治体も見受けられる。そうではなく、しっかりと先を見据えた「政策」を推進できる体制が必要であり、その結果、住民の福祉の増進につなげていくことが肝要である。

　読者の皆さんの自治体は、政策づくりや政策形成力が向上するような取組が進んでいるだろうか。自治体シンクタンクという枠組みではなくとも、人口減少時代を勝ち抜いていく（負けない）ためには、前例にとらわれない、住民から共感される政策づくりが必要である。最後に、そのことを強く言及し、本章のまとめとする。

第2章

人を呼び込み定着させるシティプロモーション
～「競争」から「共感」、そして「共創」へ～

戸田市政策研究所

　戸田市では、早い段階からシティプロモーション[1]に着目し、2008年度の政策研究所設置当初から調査・研究を実施し、2011年6月から本格的にシティプロモーションの戦略を開始している。そこで、本章では政策研究所で行った調査・研究を順序立てて紹介するとともに、その中でオススメしたい内容や重点的な取組、基本的なシティプロモーションの考え方などについて言及する。

　人口減少社会の中、自治体では人口争奪戦ともいえる競争にしのぎを削り、その競争を勝ち抜く手段の一つとしてシティプロモーションが取り入れられている。しかし、それ自体が目的化し、明確なターゲティングもせずに、他の丸写しや面白いだけ、目立つだけの事例も少なくない。これらの自治体からは、当然のことながらうまくいかないという声を耳にする。

　シティプロモーションでは、①自治体の分析、②目的・目標の設定、③セグメンテーションとターゲティング、④ポジショニングの設定、⑤他自治体との差別化戦略の検討・立案、⑥実行——と大まかに示すとこのような流れで進めていく必要がある。しかし、失敗しているシティプロモーションの多くは、最も重要であるはずの①自治体の分析がおろそかにされていることが原因であると考えられる。また、分析自体は行われていたとしても、目的・目標と他自治体と差別化を図るブランドが一致していない事例も見受けられる。一例としては、「定住人口の獲得」を目的に設定しておきながら、その自治体の名所やゆるキャラの推進などに力が注がれ、「それで本当に住みたいと思う？」と疑問を感

---

[1] 戸田市では、これまで「シティプロモーション」ではなく「シティセールス」と呼称してきた。ただ、この2つの言葉は基本的に同じ意味で使用しており、本章では「シティプロモーション」に統一して論ずる。

じずにはいられない事例もあるのが実情である。

また、シティプロモーションが流行といえる状況の中、専門部署を新たに設置する自治体がある。この中には、効果を発揮している自治体も多くあるが、シティプロモーション活動が専門部署だけの業務として捉えられ、他部署からの協力を得ることが難しくなり、うまく回らないといった話もよく耳にする。このような場合、専門部署としてすぐに結果を出すことを追い求め、自治体の状況を分析する時間を十分に取らず、安易にキャッチコピーやロゴマークなどの対外的に説明しやすい「モノ」の作成に走ってしまう事例が多々ある。

このような状況に鑑みると、やはり一見遠回りのように思われたとしても、自治体の綿密な調査・研究から、目的・目標の達成に向けたターゲティングや他との差別化、更にはコア・コンピタンス[2]を磨いて戦略的に進めていくことが重要であることが分かる。戸田市では、調査・研究を行ったうえでシティプロモーションを開始し、「定住人口の獲得」を一定程度達成している。現在は、新たなステージとして活動を展開しており、これらの事例に関してはシティプロモーションを実施する多くの自治体で参考にしていただける内容である。そこで、政策研究所におけるシティプロモーションの調査・研究を中心とし、具体的な内容などを言及する。

1　まちの魅力・課題を徹底分析

まず、まちの魅力や課題を分析した調査・研究から順に紹介する。

戸田市のシティプロモーションの特徴としては、2008年度から3年間、政策研究所とまちづくり戦略会議[3]が連携して調査・研究を実施し、全庁的な取組として戦略づくりを進めた点を挙げることができる。

当時、シティプロモーションに取り組んでいたのは比較的規模の大きな自治体ばかりであったため、先進自治体の事例調査に終始することなく戸田市の実情や地域性をしっかりと分析して戦略づくりに着手し、その後の実行段階で大きな成果をもたらすことにつながった。

---

[2]　コア・コンピタンスとは、「競合を圧倒的に上回るレベルの能力」や「競合に真似できない核となる能力」の意味である。
[3]　まちづくり戦略会議は、各部局の次長職をメンバーとして構成し、新時代にふさわしい施策や行財政システム等を調査・研究し、市政運営に生かすことを目的とする組織である。

調査・研究の内容としては、まず2008年度に戸田市のイメージ調査[4]や先進自治体の事例調査を行い、戸田市の現状と課題を知るためのSWOT分析などを実施した。続いて2009年度には、シティプロモーションの概念を整理するとともに内部環境や外部環境分析を進め、戸田市のシティプロモーションの方向性について検討した。さらに、2010年度はターゲットを絞り込むためのアンケート調査を実施し、最終的な方針やターゲット、推進戦略などを決定しており、各段階の必須項目を着実にクリアして策定へとつなげている。

　他の自治体を見回すと、外部のシンクタンクなどに委託して戦略を策定するケースをよく目にする。その場合、しっかりとした成果品となり、戸田市の手づくり戦略とは比べ物にならない程見栄えのよい戦略が提示されている。しかし、その戦略が実行可能なものであるか、また、シティプロモーションが推進されるような想いが詰まっているかというと疑問も残る。これは「仏作って魂入れず」といえるのではないだろうか。

　戸田市の場合は、庁内組織である政策研究所が中心となって調査・研究を行ったことで、職員がもっと我がまちのことを知らなくてはいけないという認識を高め、「戸田市らしい」戦略を策定することにつながった。さらに、担当部署だけではなく、全庁的にシティプロモーションを意識する体制をつくることができた点は大きな成果であった。

　戸田市では、シティプロモーションを「まちの魅力を市内外にアピールし、人や企業に関心を持ってもらうことで、誘致や定着を図り、将来にわたるまちの活力を得ることにつなげる活動」と定義している。シティプロモーションには多様な目的があり、いくつかのタイプがあるが、この中で居住地型のシティプロモーションとして住環境、いわゆる「住みよさ」をブランド化の対象として「定住人口の獲得」を目指して取り組んでいる（**図表２－１**）。

---

[4] 20歳以上の市民3,000人を対象に、戸田市を形容するにふさわしい言葉を、その反対の意味を持つ言葉と対にし、イメージの尺度として回答者に選択させた。詳しくは、牧瀬稔・戸田市政策研究所編『政策開発の手法と実践－自治体シンクタンク「戸田市政策研究所」の可能性－』2009（p.181-p.183）、東京法令出版。なお、現状を把握するため、2018年8月に同様の調査を実施。

図表2－1　シティプロモーションのブランド対象物を基軸とした類型

タイプ	ブランド化の対象	ターゲット市場	成果指標
観光型	観光地	旅行者(地域外)	交流人口
産物型	産物	消費者	売上
居住地型	住環境	地域外住民	定住人口又は移住人口
企業誘致型	立地条件	企業	企業誘致数
イベント型	開催条件	企業、団体など	イベント開催数

(出典：法政大学地域研究センター／戸田市政策研究所（2014年）「戸田市におけるシティセールス、今後の方向性について」)

　また、シティプロモーションの目的を成功させるためには、「対象層」を明確にし、その対象層がどの「地域」に多く存在しているのかなど、ターゲットを設定することで効果的な戦略となる。そこで、ターゲット設定で参考とした2010年度の「戸田市人口移動実態調査」について紹介する。この調査は、戸田市を転出した900名と戸田市へ転入した900名を対象に、転出入に伴う理由や状況などを調査したものである（**図表2－2**）。

図表2－2　人口移動実態調査「アンケート調査項目」

転出用	転入用
Ⅰ．転出者の現住所と前住所	Ⅰ．転入者の現住所と前住所
Ⅱ．移動前後の世帯構成等について	Ⅱ．移動前後の世帯構成等について
Ⅲ．移動の原因となった方について	Ⅲ．移動の原因となった方について
Ⅳ．移動の理由について	Ⅳ．移動の理由について
Ⅴ．居住地選択の理由について	Ⅴ．居住地選択の候補地について
Ⅵ．現在お住まいの市区町村への定住意向について	Ⅵ．居住地選択の理由について
Ⅶ．戸田市への帰還意向等について	Ⅶ．戸田市への定住意向について
Ⅷ．移動前後の住宅の所有関係等について	Ⅷ．移動前後の住宅の所有関係等について

(出典：戸田市)

調査結果からは、住民移動は隣接した小さなコミュニティの範囲で流動していることが分かり、「住宅事情」が移動理由の多くを占めていることが明らかとなった。また、25歳から39歳までの約6割は5年未満で転出している状況であり、転入促進とともに転出抑制も重要であることが判明した。そのため、この調査結果などを踏まえ、シティプロモーションのメーンターゲットとなる対象地域を「戸田市」のほかに「近隣2区3市」[5]と絞り込みにつなげている。

　また、その他の人口調査からは、人口の増減に年代別の特徴があることが分かった。5歳階層別人口で人口推移を確認すると、大学生・就職期・子育て世代の15歳から34歳までの急激な増加によって全体の人口が増加し、それ以外の年代では減少していることが分かった。「住みよさ」を売りにする戸田市としては、子育て世代での転出は最も食い止めなければならず、この対象に向けた取組はもちろんのこと、そのためのイメージづくりも戦略的に展開することに決定した。

2　これまでのシティプロモーションの効果

　2011年度から開始した戦略では、4つの重点プロジェクトと62のアクションプランを設定し、そのうち95％以上を実現することができた。今回、具体的な取組に関する紹介は省略するが、62のアクションプランについては、まちづくり戦略会議が窓口となり各担当部署で進捗を把握することで、全庁的にシティプロモーションの視点を持って取り組むことに成功した。

　また、シティプロモーションの目的としては、戸田市の認知度を向上させ「定住人口の獲得」を目指したものである。シティプロモーションの成果としては、すぐに効果として表れにくいものではあるが、実際の人口推移からは良い結果が出ている。

　2015年の国勢調査では、前回からの人口増加数で全国第15位であり、人口増加率では全国第7位という結果となった**（図表2−3）**。2005年から2010年までの人口増加率は5.5％であり、2010年から2015年では10.6％と大きな伸び率を

---

[5]　現在では、メーンターゲットの対象地域として、戸田市のほかに「近隣3区」を設定している。なお、2018年8月に同様の人口移動実態調査を実施しており、その結果に関しては今後の戦略に活かしていく予定である。

示していることからも、少なからずシティプロモーションの効果が表れていると推察することができる。

また、これまで課題となっていた15歳から34歳以外の転出超過だった5歳階層別人口、特に子どもや子育て世代が転入超過へと改善し、ターゲットに掲げた対象の定住につなげることができたことも大きな成果であった。

図表2－3　人口増減数の多い市町村の人口及び人口増減数
（平成22（2010）年～平成27（2015）年）

順位	人口増加数の多い市町村	人口（人）平成27年	増加数（人）平成22年～27年	人口減少数の多い市町村	人口（人）平成27年	減少数（人）平成22年～27年
1	東京都特別区部	9,272,740	327,045	福岡県北九州市	961,286	-15,560
2	福岡県福岡市	1,538,681	74,938	長崎県長崎市	429,508	-14,258
3	神奈川県川崎市	1,475,213	49,701	宮城県石巻市	147,214	-13,612
4	埼玉県さいたま市	1,263,979	41,545	北海道函館市	265,979	-13,148
5	北海道札幌市	1,952,356	38,811	福島県南相馬市	57,797	-13,081
6	宮城県仙台市	1,082,159	36,173	山口県下関市	268,517	-12,430
7	神奈川県横浜市	3,724,844	36,071	青森県青森市	287,648	-11,872
8	愛知県名古屋市	2,295,638	31,744	神奈川県横須賀市	406,586	-11,739
9	大阪府大阪市	2,691,185	25,871	広島県呉市	228,552	-11,421
10	広島県広島市	1,194,034	20,191	静岡県静岡市	704,989	-11,208
11	大阪府吹田市	374,468	18,670	北海道小樽市	121,924	-10,004
12	埼玉県川口市	578,112	16,606	宮城県気仙沼市	64,988	-8,501
13	神奈川県藤沢市	423,894	14,237	愛媛県今治市	158,114	-8,418
14	千葉県船橋市	622,890	13,850	茨城県日立市	185,054	-8,075
15	埼玉県戸田市	136,150	13,071	秋田県秋田市	315,814	-7,786
16	茨城県つくば市	226,963	12,373	新潟県長岡市	275,133	-7,541
17	埼玉県越谷市	337,498	11,185	北海道旭川市	339,605	-7,490
18	千葉県流山市	174,373	10,389	山口県岩国市	136,757	-7,100
19	千葉県千葉市	971,882	10,133	群馬県桐生市	114,714	-6,990
20	千葉県柏市	413,954	9,942	山形県鶴岡市	129,652	-6,971

注）原子力災害により、全域が避難指示区域である町村を含めない。

（出典：総務省「国勢調査」）

3　新たなシティプロモーションの動き

次に、シティプロモーションの戦略改訂に向けた取組について紹介する。

戦略の改訂に当たっては、政策研究所とまちづくり戦略会議での調査・研究に加え、法政大学地域研究センターと実施した共同研究と、市民の意見を取り入れた市民会議の大きく2つの取組を実施した。

戸田市では、大学と自治体との連携による地域づくりを推進していくために、2012年度に法政大学と事業協力に関する協定を締結した。その後、政策研究所

と法政大学地域研究センターとの共同研究として「戸田市におけるシティセールス、今後の方向性について」を実施し、戦略の見直しに向けて研究を進めた。研究内容としては、類似自治体と戸田市との住環境資源の比較や、自治体内部の浸透度合いを図る職員の認識調査、インターネットによる戸田市のイメージ調査、市民に対するヒアリング調査などを通じて戦略の検証を行った。詳細については、共同研究報告書[6]を参照していただきたい。

続いて、市民の意見を取り入れた事例を紹介する。戦略の改訂に向けた取組を進めている中で、2014年12月に「まち・ひと・しごと創生法」が施行され、各自治体のシティプロモーション活動は加速度的に激しさを増してきた。このような中、2015年8月から半年間、公募市民2名、市内事業者等8名、市職員5名を構成員とする市民会議を設置し、市民の意見を取り入れた。ここでは、市民を巻き込んで市の強みや弱みのほか、魅力の「何」を「誰」に対して「どのように」売り込んでいくのか具体的に議論し、2016年2月に市長に対して提言書が提出された。この提言書を受け、2016年4月から5年間を計画期間とする戦略改訂版を策定した。

戦略改訂版では、シティプロモーションの基本的な考え方については引き継いでいるが、市民にとっても分かりやすく、前戦略で課題となった点や社会情勢等の変化を踏まえ、更なるシティプロモーションの推進を目指して①インナープロモーション[7]の更なる強化、②ターゲットの明確化、③選択と集中——の3つを強く打ち出している。

そこで、戦略改訂版の3つのポイントに沿った取組について紹介する。

(1) インナープロモーションの更なる強化

シティプロモーションの目的である定住人口を獲得するためには、外部から人を呼び込む「転入促進」だけでなく、市民を市外に転出させない「転出抑制」が非常に重要である。これまで市外からの転入促進を重視して取り組んできた

---

[6] 法政大学地域研究センター・戸田市政策研究所「戸田市におけるシティセールス、今後の方向性について」(2014年)。同研究報告書については、戸田市ホームページにて掲載。
[7] インナープロモーションとは「自治体内部の職員に対するシティプロモーションの浸透だけでなく、市民や事業者などの市内関係者にまちの魅力を訴え、結果として市民の誇り、愛着心の向上につなげていく活動」と定義している。

が、徐々に転出抑制を重視する姿勢に軌道修正し始めたところである。

　現在では、市民を転出予備軍であると認識するとともに、若年層の高い人口流動性を抑制するためにも、プロモーションのベクトルを市外から市内へと切り替え、市民に対してまちの魅力を強く訴えていくことを戦略改訂版のポイントとして位置付けている。

　インナープロモーションを強化することは、市民のまちに対する共感意識の高まりと連動し、その意識がまちの魅力として口コミで市外にいる潜在市民にまで伝わることによって、やがて口コミ情報がまちのイメージとして定着化する。さらに、インナープロモーションの効果に関しては、これまで主に行政が務めてきた広報活動を発信力の高い市民が肩代わりすることで、その信ぴょう性が高まるとともに、SNSなどを活用したスピード感のある情報発信につながっていく。つまり、インナープロモーションの強化は、結果として市民によるアウタープロモーションにまで発展し、市外の潜在市民の移住意欲を触発することにつながっていくものである。

　また、2016年10月1日に戸田市は市制施行50周年を迎えたことから、インナープロモーションを強化する絶好の機会と捉え、市民のシビックプライドの向上を目指して取組を進めた。

　市制施行50周年の記念イベント「とだ50祭（さい）」では、2014年度から約40人の市民が企画の段階から参画し、市民と職員との協働によりつくり上げたイベントとして成功裏に終えることができた。市民がキャストとして主体的に参加するイベントとして、当日は約3万2,000人の来場者があるなど、市民の目を市外から市内に向けることができた点は非常に効果があった(**写真2－1**)。

写真2－1　市制施行50周年記念事業「とだ50祭」の様子

（出典：戸田市）

この取組のポイントとしては、市民に任せる行政の勇気であると言える。クリエイティブな市民は無数のアイデアを持ち、彼ら・彼女らのネットワークを活用することによって、行政の想像を超える程の力が発揮されていく。この市民の力を引き出すためには、行政との棲み分けを明確にし、できる範囲で市民に主導権を移行することで信頼関係が生まれ、市民の主体性をより高めることを可能にする。

　このような市民を巻き込んだ取組などの効果から、戸田市への「共感」が高まりつつある。株式会社読売広告社が実施した「都市生活者の居住エリアによる特性分析を可能にするCANVASS-ACR調査（2016年10月26日発表）」では、まちを評価する５つの要素（「愛着」「共感」「誇り」「住み続けたい（居住意向）」「人に勧めたい（他者推奨）」）でランキングが発表されている。この中で、戸田市は「共感」が第１位となり、更に「誇り」と「人に勧めたい」でも第４位という結果を得ている。「共感」があるからこそ人が集まり、住み続けたいと考える市民が増加するため、今後もインナープロモーションを強化していく考えである。

(2)　ターゲットの明確化

　次に、ターゲットへの効果的な情報発信について紹介する。シティプロモーションでは、ターゲットを絞ることによって高い効果が期待できる。そこで、ターゲットへの効果的な情報発信として、インターネットによる効果的な情報の発信（ターゲティング広告）を進めている。

　インターネットからは、検索情報から利用者の属性や居住地域、嗜好などをある程度特定することができる。戸田市では、このようなインターネットの特徴を利用して、ターゲットに対して戸田市の転入促進ページへの誘導策を導入している。現在は、どの層が興味・関心を示すかを把握するため対象を広げているが、「20代から40代」で「東京都内・近隣自治体」に住んでおり、引っ越しなどの「不動産関連カテゴリー」を検索している人に対して、広告の表示を行っている（**図表２－４**）。

1か月のバナー表示回数としては、850万以上の表示回数があり、広告前よりも転入促進ページへのアクセス数が急増するなど、転入予備群に対する効果的な情報発信につながっている。この「ターゲティング広告を活用した効果的な定住促進PR」については、2016年度のふるさと名品オブ・ザ・イヤーにおいて、IT×地方創生部門の「金賞」を見事受賞し、対外的にも評価を得ている。

図表2-4　ターゲティング広告
　　　　（インターネット広告として掲出したものを一部加工）

(出典：戸田市)

また、このターゲティング広告を発展させ、インターネット広告事業者と協力してイメージアンケート調査も実施した。これは、広告の表示先の転入促進ページにアンケートのバナーを設け、そのバナーをクリックしてイメージアンケートに答えるとTポイントを50ポイントプレゼントするという企画である。検索者はTポイントをもらうことができ、戸田市としてはアンケート結果を得ることができる一石二鳥の取組である。

インターネット上で特定の個人を狙うターゲティング広告の国内市場規模については、2018年中には1兆円を超える見通しといわれている[8]。好みや関心に合わせて最適な広告を表示するターゲティング広告に関しては、これまで行政が苦手としていた市外の潜在住民に対して効果的であるため、今後多くの自治体にも広がっていくことが予想される。

(3)　選択と集中

最後に、選択と集中に関して紹介する。

シティプロモーションでは、単に取組を情報発信するだけでなく、地域経営の視点が必要である。戸田市では、全庁的な取組としてシティプロモーション

---

[8] データエコノミー取材班　栗原健太、伴正春（2018年）「「狙う広告」1兆円突破へ」、『日経新聞』2018年9月3日付朝刊、13（1）

を進めており、戸田市らしい取組で他との差別化を図っている。その差別化(コア・コンピタンス)が「教育」である。

教育の分野では、「通いたいまち戸田、通わせたいまち戸田」といわれるような「教育のまち戸田」の実現に向けて多面的に展開している。特に、最先端の優れた知のリソースを活用するため「産官学民連携(公民連携)」を積極的に行っており、様々な連携先と手を取り合い、学習イベントや各種教育研修などに取り組んでいる**(写真2-2)**。

また、最先端の教育的知見を取り入れた豊富な教育メニューを開発し、各学校のニーズに応えるべく整備を進めているところではあるが、これらは共同研究として取り組んでいるものが多くある。そのため、共同研究から各学校が実践化していくことは企業や研究機関にもメリットがあり、互いがメリットを享受できる仕組みの中で、戸田市が目指す最適な教育を生み出す仕組みとなっている。

写真2-2　全国に先駆けたICT教育の様子

(出典:戸田市)

教育の取組に関しては、第3章で詳しく紹介させていただくが、戸田市においては「教育」が人を呼び込むシティプロモーションの武器になっている。これらの取組を通じて「戸田市で学んでよかった」との共感が市外にも広まり、「戸田市で教育を受けさせたい」と思う人の増加が人的ムーブメントを生んでいるのである。

4 「共感」そして「共創」へ

　戸田市のシティプロモーションに関しては、「定住人口の獲得」だけではなく、計画的な取組に対して外部からも一定の評価をいただいている[9]。ここまでの取組を振り返ると、やはりシティプロモーションでは調査・研究からしっかりと手順を踏んでいき、なおかつストーリーを描いて進めていくことが必要である。その中でも、居住地型のシティプロモーションを成功へと導いていくためには、①明確なターゲティング、②人を呼び込む仕掛け、③人と人とのつながりから生まれる「共感」、④コア・コンピタンス、⑤都市イメージの浸透——の５つがポイントであると考えている。もし読者の皆さんの自治体で、居住地型のシティプロモーションに取り組まれているようであれば、是非この５つのポイントを参考にしていただきたい。

　また、この他「外部の力を借りること」の重要性も実感している。シティプロモーションは一言で表すと「まちの売り込み」であり、この点は行政よりも民間企業の方が何歩も先を進んでいる。戸田市では、委託という形ではなく、相互がwin-winの関係となるような連携で効果を発揮している。外部の力を借りるときは、チャレンジすることが必要であり、他でやっていることをお願いするのでは、win-winの関係にはならない。スピード感が重要である。

　最後に、戸田市のシティプロモーションの今後の展望について言及したい。戸田市では、2015年度までを第１ステージとして、自治体の「競争」を勝ち抜いていくために、定住人口の獲得を目指して自治体内部での浸透を意識して進めてきた。その後、2016年度からは第２ステージとして、市民からの「共感」を重視し、市民への浸透を意識して取り組んでいるところである。第１ステージでは、行政主導で「住みたいまち」をアピールし、第２ステージでは強力な市民の力が加わって「住み続けたいまち」へと展開している。

　現在の戦略改訂版は、2020年度までが期間となっているが、シティプロモーションの取組は継続していかなければならない。そこで、現在進めている取組が効果を発揮し、2021年度以降は第３ステージと位置付け、市民自らが「自慢

---

[9]　2018年２月、一般社団法人日本計画行政学会の第17回計画賞にて「戸田市シティセールス戦略～人の流れを誘発し定着に導くための仕掛け～」が「入賞」を受賞。

したい、オススメのまち」として、市民主導で戸田市のファンを拡大させていきたいと考えている。そして、今後は市民と行政との「共創」のまちづくりへと発展させていく予定であることに言及し、本章のまとめとする。

戸田市の教育改革の取組

戸田市教育委員会

1 戸田市の教育改革

(1) 全国の中での戸田市

　戸田市は、埼京線で東京と結び付けられた地の利も活き、若いファミリー世代を多く惹きつけている自治体である。平均年齢は40.5歳（2018年1月1日現在）と若く、23年にわたり埼玉県内で最も平均年齢の若い自治体であり続けてきた。子供の数も増加の一途をたどっており、計画的な校舎増築を行っている。

　本市には12校の小学校と6校の中学校があり、その全てが市立である。児童生徒は小学校に約8,000名、中学校に約3,300名おり、教師は小学校に約400名、中学校に約200名在籍する（2017年5月1日現在）。学校の規模は、児童生徒数250名程度の中規模校から同1,000名程度の大規模校まで多様である。

　戸田市は、積極的に教育改革に取り組む自治体の1つとしての評判が広まり、近年、全国各地から急速に注目を集めつつある。企業やNPO法人からの訪問依頼が連日舞い込むほか、他の自治体等からの教育委員会や学校への視察依頼も相次いでいる。2017年度における視察受入れ件数は26件であった。2018年度は、年度当初から約5か月経過した8月の時点で、既に24団体の訪問が実施・予定されており、時には対応しきれないほどとなっている。そこで、この教育改革に関する章では、本市教育委員会に来訪された方にもお伝えしている本市の教育改革のエッセンスをご紹介したい。

(2) 本市が描く教育の未来

　戸田市が見つめるのは、20年後、30年後の未来である。現在学校に在籍する子供が社会に出て働く頃にはどのような時代が訪れていて、子供たちが社会的に自立し精神的に豊かに生き抜くためにはどのような力を身に付けておくべきか。このシンプルだが難しい問いに対して、教育委員会のみが思いを巡らせるのではなく、一人ひとりの教職員が主体的に考え、他者と議論し、自分の言葉で語れるようになることが本市の理想である。どのような授業改善や取組も、その目的を考えることなしには効果が表れることはないからである。

　戸田市が描く未来は次のようなものである。これからの未来社会は、第四次産業革命が進行し、現実空間と仮想空間とが相互に関わり合って存在する「Society5.0」が間もなく到来するといわれる。予測不可能性は加速度的に高まり、少なくとも未来は現在の延長線上にはない。また、グローバル化や情報化の進展に伴い、国境の垣根がなくなり、市場が世界に広がることにより、競争性はさらに高まるものと思われる。このような社会を見据えて、戸田市が目指すのは「世界で活躍できる人間」の育成である。具体的には①世界に関心を持ち、地球規模で未来を考えることができる子、②自分の力を他者や社会のために使いたいという意欲を持つ子、③多様性を理解し、他者と協働して問題の解決に取り組める子の育成を目指す。これは、2015年に国連サミットにより採択された「持続可能な開発目標」（ＳＤＧｓ）に掲げられた地球規模の課題に取り組める人間の姿にも重なるものである。

　そのために必要とされる力は、社会の課題を自ら発見し、解決し、価値を創造していく力、換言すれば、新しい社会経済システムを創り出していく力である。特定の知識や技能を身に付けることに集中しても、それらは次の瞬間にはＡＩ（人工知能）などの機械に置き換えられるかもしれない。そこで、これからの時代に新たに必要になっていく力としての「ＡＩでは代替できない力」と「ＡＩを使いこなす力」を身に付けることを重視し、自己肯定感ややり抜く力（ＧＲＩＴ）、協調性などの「非認知スキル」、批判的思考力やコミュニケーション能力、課題解決能力などの「21世紀型スキル」、教科等で学んだことを社会に活かしていく力である「汎用的スキル」の３つを育てていくことを重視している。これらの力は世界で共通の能力であり、本市では、こうした「グローバル

な力」の育成に加え、海外との交流等の国際的な経験を通じた、世界に向けた幅広い視野や多様性への理解、異文化コミュニケーション力などの「国際的な力」を育むための教育を推進している。その実現のために、従来の教育における学びを最大限効率化した上で、新しい学びを実践していくことが望ましい(**図表3-1**)。

図表3-1

(3) 産官学民との連携の意義

　上記のような目標の実現のためには、既存の学びの効率化と時代に応じた新たな学びの実践が望ましいが、これを学校だけの力で行うのは容易なことではない。子供たちが学ばなければならない学習内容は既にとても多く、現存の授業時数は飽和状態にあり、教師の忙しさも世界で一番といわれるほどである。また、多様化し複雑化していく時代を教職員一人ひとりの目で注視し続けていくことも難しい。

　本市は、これを突破する1つの重大な切り口を、産官学民との連携による知のリソースの活用にあると考えている。古くは公教育に産業界等の力を活かすことには学校内外からの抵抗があったが、本市が何を実現したいかという教育

意思をしっかりと持ち主体的に関係を構築する限りにおいて、外部のリソースを活用することは素晴らしい効果をもたらしている。社会との連携によって時代のニーズに応じた最先端の教育を取り入れられることはもちろん、学校管理職や教師も視野を広げ、学校内だけでは生まれにくかった意識改革が進んでいる。実社会とつながることで、子供たちが出ていく未来社会を思い描くこともより容易になるのである。本市はこれまで70を超える企業と多様な連携をし、改革を加速化させている。本市の産官学民との連携の態様の大きな特徴については、以下の4つがある。

① 自律的な教育意思の存在

まず、本市教育委員会や学校自身が、これからの教育をこうしたいという教育意思を持ち、連携先と対等な関係で連携しているということが挙げられる。戸田市が連携を決断するときに特に重視するのは、双方にとって金銭以外の利益があるかということである。例えば、ある企業が開発したプログラムの効果を測るための学校現場を探しているときに、本市としてそのプログラムの内容や質が目指すべき教育の方向性に沿い、価値があると判断した場合には、そこにwin-winの関係性が存在する。このような場合、戸田市は学校現場というフィールドを提供し、双方にメリットのある連携を実現している。

また、本市の学校の強みとしては、企業からの教材等を一方的に「使わせてもらう」だけではなく「使って自分のものとする」ことが得意である。提供された教材等を、担当する教師によって現場の知見を活かし、教室で最大限効果が出るような形にカスタマイズする。それは連携先に還元され、より価値を高めるのである。このように学校が社会からプロダクトを得て自分独自のものにつくり替えることができるのは、学校や教師自身に教育目標と自律的意思があるからこそである。

② ＥＢＰＭによる効果検証ができる地盤

本市がエビデンスに基づく政策立案というＥＢＰＭ(Evidence-based Policy Making)に価値を置いていることも企業等を惹きつける理由である。産業界は特に、製品についてどのような効果があったかのエビデンスを必要とする。これについて、本市はその価値を理解し、学力の伸びを測ることができる埼玉県学力・学習状況調査や教師の指導等に関する自己評価である教員質問紙調査をは

じめとして多様な調査を実施しているため、連携先と同じ方向を向いて取組を進めていくことができる。
③　「クラスラボ」という発想
　戸田市は、「クラスラボ」（Class lab）というコンセプトを掲げ、学校や教室を様々な研究の場として提供することをオープンにしている。全ての教育改革は子供に対する成果につながっていく必要があるという意味でも、学校や教室は教育の最前線である。現場における管理職や教師の生きた知見も、学校以外では得ることができない。このような場を実践研究の場（ラボ）として外部に提供できることが、基礎自治体の持つ最大の強みである。
④　積極的な情報発信
　戸田市では、教育長、教育委員会事務局、学校、校長会、校長が日々、ＳＮＳ等により積極的な情報発信を行っている。日々の思いや取組、イベントへの参加、誰とどのような話をしたかなどについて常に発信することで、戸田市が今どのようなことを考え、社会に何を求めているかを伝えている。これらの情報に対して、コメントを通じて情報交換ができるとともに、思わぬ連携のマッチングが成功することもある。企業が企業を呼び、戸田市と連携したいという団体もさらに出てくるのである。
　以上の本市の連携の特徴は、同時に本市がこれだけ多数の企業等と連携できている理由とも一致する。組織と組織との連携も、接点は人と人である。戸田市が常に夢を描き、将来の教育をこうしたいというビジョンや価値観があることが、様々な出会いの場で、トップ同士、職員同士の意気投合につながる。これが全ての連携の土台になっている。
　最後に、産官学民との連携に関わる今後のビジョンについて触れておきたい。これまでは、教育委員会主導のもと産官学民との連携を爆発的に拡大させ、試行錯誤を重ねながら様々な連携を受け入れてきた。学校もこれにより、連携を通じて社会の知のリソースを自分のものとするよう努力し、学校管理職や教師の意識改革や授業改善への大きな刺激となってきたといえる。一方で、マンパワーや授業時数が有限のリソースである中で、今後の連携のプロセスや態様は新たなフェーズに入ると考えられる。
　具体的には、学校として、自校の現状と課題を十分に把握した上で、どのよ

うな力を子供に身に付けさせたいのかという具体的な教育目標をより明確にし、教育委員会が提示する様々な産官学民との連携のメニューから、必要と考えるものを主体的に選びとることが理想である。敷衍(ふえん)すれば、教育委員会や学校にとって優先度が高く、なおかつ学校外の企業等の知見を取り入れるメリットが大きいテーマを見極め、「選択と集中」に基づく戦略的な産官学民との連携を推進していく方向性を目指して、教育委員会が良きコーディネーター役となる方向に舵を切っていくことが必要と考えている。

2 新たな学びの推進

(1) ＰＥＥＲカリキュラム

　本市では、これからの時代に必要な力を子供たちに身に付けさせるため、全小・中学校で一貫した「ＰＥＥＲカリキュラム」を中心に、新たな学びの推進に取り組んでいる。このカリキュラムは、問題解決能力や思考力、コミュニケーション能力などの「ＡＩでは代替できない力」と「ＡＩを使いこなす力」を、小・中学校9年間を通して育成することを目指す教育プログラムであり、戸田市が先進的に取り組んでいるプログラミング教育（Programming）、英語教育（English）、経済教育（Economic Education）、リーディングスキル（Reading Skills）の頭文字を取って「ＰＥＥＲ」として示している（**図表３－２**）。ＰＥＥＲには「仲間」や「見つめる」という意味があり、小・中学校を通してお互いを「仲間」として「見つめ合う」ことが肝要との思いも込めている。4つのそれぞれの教育について以下で紹介する。

図表3－2

戸田市ＰＥＥＲカリキュラムの開発
～21世紀型・汎用的・非認知の3つのスキルを育成する小中一貫カリキュラム～

PEERとは「仲間」や「見つめる」ことを意味し、小・中学校がそれぞれに教育活動を行うのではなく、小・中学校9年間の学びと育ちの連続性を重視する観点から、お互いを「仲間」として「見つめ合う」ことが肝要との思いを込めています。

Programming
（プログラミング教育）

2020年度から小学校に導入されるプログラミング教育にベネッセ、インテル、Google、Microsoft等の企業と連携し、「プログラミング的思考」と呼ばれる論理的に考える力を育みます。

English
（英語教育）

全小・中学校にALTが常駐し、小中一貫英語教育を推進しています。英語以外の教科等の指導の中で英語を活用する「イマージョン教育」の研究も進めていきます。また、小6、中3生に英検等の助成事業を実施しています。

Economic Education
（経済教育）

一般社団法人CEEジャパンと連携して、「考える習慣」を身に付け、「質の高い選択ができる力」を育みます。難解な経済学や経営学とは異なって、「社会の仕組み」や「経済の働き」について身近な題材を通して体験的に学びます。

Reading Skills
（リーディング・スキル）

国立情報学研究所の新井紀子教授と連携し、リーディング・スキル（基礎的な読む力）に関する研究を行っています。リーディング・スキルと学力との関係について分析し、それらを効果的に向上させる指導法の開発などを進めています。

(2) プログラミング教育

　あらゆるモノがインターネットでつながるＩｏＴやビッグデータ、ＡＩやロボットといった各種デジタル技術が飛躍的に発展していくなか、ＩＴに関する技術を好きな人だけが身に付けておけばよい時代は終わり、ＩＴを「文房具と同様に使いこなす力」が求められている。こうした社会の背景から、2020年度に小学校で全面実施される新学習指導要領においては、学習の基盤となる資質・能力として「情報活用能力」が位置付けられ、プログラミング教育が必修化されることとなった。

　プログラミング教育は、単にコンピュータのプログラミング言語を扱う技能を習得させることを指すのではなく、情報活用能力の一部であるプログラミング的思考、すなわち、自分が意図する一連の活動を実現するためにはどのような動きの組み合わせが必要であり、その一つ一つの動きに対応した記号をどのように組み合わせたらいいのかを試行錯誤しながら論理的に考えていく力を育成することを主なねらいとしている。

　本市におけるプログラミング教育は、企業との連携により、2016年度より市内数校で試験的に導入したことに始まる。翌2017年度には、市内各小・中学校

の代表教員を委員とした戸田市プログラミング・ＩＣＴ教育研究推進委員会（以下「推進委員会」という。）を設置し、有識者の監修のもと、小中一貫カリキュラムを作成した上で、2018年度からは市内全小・中学校でプログラミング教育をスタートさせた。本カリキュラムは、生活科と総合的な学習の時間を活用しながら、各校におけるカリキュラム・マネジメントのもと実施されている。新学習指導要領の全面実施時には小学校第３学年までは年間３時間、第４学年以上は年間10時間の実施をすることを目指し、現在段階的に実施しているところである（図表３－３）。

図表３－３

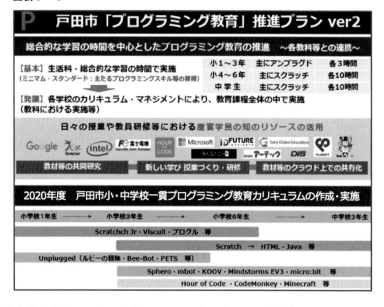

　教育委員会としても、各校におけるプログラミング教育の円滑なスタートアップを積極的に支援している。推進委員会においては実践を踏まえて小中一貫カリキュラムのブラッシュアップを行うとともに、児童生徒用のテキストや教師用の指導案を作成している。また、教師の自主的な集まりである戸田市立教育センター研究員においてプログラミング教育部会を立ち上げ、各校の実践におけるグッドプラクティスの共有を行うとともに、企業等から専門家を招き、最先端で質の高い教員研修を実施している。さらに、教育委員会は各学校に貸し出すための教材の整備やＩＣＴ教育支援員の派遣によって各校における取組

を支援している。

　プログラミング教育は特に新たな分野であり、教師も社会と積極的に連携しながら学び続けることを余儀なくされるため、他の教科等と比較してもさらに教育のオープンイノベーションを加速化させ、また教科横断的な学びを実践するカリキュラム・マネジメントの促進にもつながっている。今後は、後述するプロジェクト型学習などの新たな学びへの展開も期待できる。

(3)　英語教育

　グローバル化や情報化が進展するなか、将来どのような職業に就くとしても、情報の収集や発信、ネットワークの構築等において基本的な英語を使いこなす力が必要となってきている。さらに、異文化の受容や多様性への理解等を促し、コミュニケーション活動を通じて主体性や協働性を育むことも重要である。戸田市では英語教育を通して育てたい子供像を、①誰とでも主体的に関わろうとする子供、②互いの気持ちや考えを英語で伝え合う子供、③豊かな国際性を身に付けた子供と設定し、中学校卒業時には英語でプレゼンテーションができる力を身に付けさせることを目標としている。

　このような考え方から、本市では「国際社会で活躍できるとだっ子の育成」を目指して、次代を担う子供たちに早期に英語に慣れ親しませ、国際感覚を身に付けさせるために、全国に先駆けて国際理解教育推進特区を申請し、2003年11月に認定された。これをもとに、2004年から特別の教育課程を編成し、小学校第1・2学年は年間10時間程度、小学校第3学年から第6学年までは週1回の英語活動を実施した。

　教育委員会の取組としては、2008年から全小・中学校にＡＬＴ（外国語指導助手）を常勤配置し、ティームティーチングを推進している。また、小中連携を強化するため、英語教育推進委員会を立ち上げ、戸田市独自のカリキュラムや指導案を作成して指導方法の改善を図っている。さらに、2009年から現在に至るまで、国立教育政策研究所名誉所員の渡邉寛治先生に指導いただくとともに、文部科学省指定事業や委託事業を受けながら、研修協力校による研究発表会や研究授業の公開を通じ、市内教員の指導力を高めてきた。

　2016年からは、「小中9年間の英語学習の総まとめ」として、英語検定受験費

用助成事業を始め、国が指標として示している英検3級に市内中学校第3学年全員が取り組み、市が受験費用を全額助成している。2017年には、中学校第3学年の英検3級以上の取得率が55.9%をマークし、国や県の数値を大きく上回った。さらに、2018年からは小学校第6学年が公費にて英検Jr.GOLDに取り組み、小学校卒業時の英語力がどの程度身に付いているかを把握し、中学校への接続を円滑にすることで、小中一貫英語教育の充実を目指している。

現在は次期学習指導要領の全面実施を見据えて、小学校第3学年から第6学年までは週1回の45分授業と週3回の短時間学習（モジュール授業）を組み合わせ、小中一貫の英語教育カリキュラムのもと、年間70時間の英語活動を実施している。

今後は、英語によるコミュニケーションを楽しむこと（Enjoy）、豊かにすること（Enrich）、深めること（Explore）を目指した「3×ECプラン」（スリーイーシープラン）を掲げ、グローバル社会で活躍できる人材育成をさらに加速していく予定である（**図表3－4**）。このプランの柱は、①アクティブ・ラーニングの視点からの授業改善、②教師の英語力向上、③グローバル人材の育成の3つである。

図表3－4

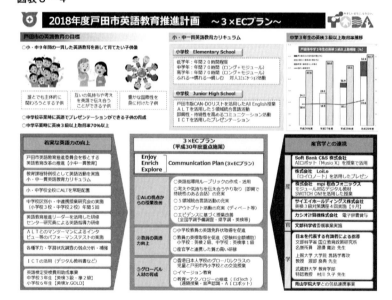

まず、①の授業改善の内容としては、即興性や持続性を高めるコミュニケーション活動や複数領域統合言語活動の充実を図り、自分の考えや気持ちを論理的に伝える力の育成を効果的に進めていく。そのために、アクティブ・ラーニングの視点からの授業改善を進めるよう、今後の英語教育における指導に重要な観点を整理した「英語指導と評価におけるルーブリック」を作成した。さらに、全国学力・学習状況調査等のデータ研究などエビデンスに基づく授業改善にも力を入れていく。また、②の教師の英語力向上については、小学校教員の英語免許状取得の促進とともに、小・中学校の教師の英語検定取得を促進していく（小学校教員は英検２級、中学校教員は英検準１級が目標）。また、引き続き、産官学の力を活用した最先端の教員研修等の取組を続けていく。③のグローバル人材の育成については、子供たちが英語のコミュニケーションの楽しさを実体験に基づきながら感じることができるよう、香港日本人学校のグローバルクラスとの遠隔による交流授業を実施し、異文化への理解を深めるとともに英語力を育成することを計画している。また、算数・数学、理科や体育等の授業の一部を英語で行うイマージョン教育についても研究を進める。これらの３つの取組を加速するためには、ＩＣＴ環境の整備も併せて行うことが不可欠である。

　第３次教育振興計画を策定するための市民調査では、戸田市の教育について良いと思う項目の中で、教育環境、学校施設・設備と並んで小学校の英語活動が３番目に評価された。多くの市民や保護者に支持されるとともに、今後も期待されている。

(4)　経済教育・セサミストリートカリキュラム

　様々な情報に溢れ、価値観の多様化がさらに進んでいくこれからの時代において、子供たちが人生やキャリアを切り開いていくためには、自らの目標や意思を持ち、情報の価値を見極め、適切な判断や選択をするような「確たる意思を持った選択ができる力」やそれを支えるやり抜く力（ＧＲＩＴ）や主体性、協働性などの非認知スキルを育むことが極めて重要である。こうした力を、企業等と連携し、経済教育やキャリア教育を通じて育むことにも意識的に取り組んでいる。

経済教育については、一般社団法人ＣＥＥジャパンと連携し、環境がどのように変化しようともとるべき行動や進むべき進路について最適な選択をする力を育むための極めて日常的な学びを実践している（**図表３－５**）。「経済」といっても経済理論やお金に関する話を扱うのではなく、様々なアクティビティを通して社会の仕組みや経済の働きについて学ぶとともに、必然的に選択や意思決定が求められる学習機会を与えることで、子供たちに考える習慣と質の高い選択を行う力を育てることを目指している。

図表３－５

　この経済教育は、次期学習指導要領における「社会に開かれた教育課程」の考え方にも合致する。授業を通じて学校での学びと社会や実生活とのつながりを見せることによって、子供たちの「なぜ勉強しなければならないのか」という疑問や、教師の「自分の授業は子供たちの将来に本当に役立つのか」という不安を解消し、各教科等の授業の基盤となる力を養うことができる。この経済教育は、小学校第３学年から第６学年と中学校の全学年を対象に実践している。

　さらに、2017年度からは、小学校においてアメリカのＮＰＯ法人であるセサミワークショップ（Sesami Workshop）と連携し、セサミストリートカリキュラムを実践している（**図表３－６**）。このカリキュラムは、夢を描き計画を立て行

動する力や他者と協働する力、そして多様性を理解する力の育成を目標に掲げるものであり、小学校第1学年から第6学年までの各学年12プログラム（全72プログラム）の中から、各校が身に付けさせたい資質・能力に応じて選択できる。カリキュラム・マネジメントが求められている今、各校で課題感に合わせた独自のカリキュラムを編成していくことができるのが魅力である。セサミワークショップが提案したコンセプトに基づくカリキュラム案について、パイロット校の教師が指導案を現場に合う形に編成し直し、授業実践を通じてさらに改善するというプロセスを通じて、実現しようとしていたコンセプトがより現場に根ざしたものに生まれ変わっている。

2018年9月27日には、戸田市とセサミワークショップは正式に、小学校向け「セサミストリートカリキュラム」の共同開発に係る連携協定を締結した。セサミストリートカリキュラムを通じて醸成された、他者の意見を柔軟に取り入れ、各々が意見を積極的に発言しようとする学級の雰囲気は、他の教科等での授業にも影響し、アクティブ・ラーニングの推進などの観点から非常にいいインパクトを与えている。

図表3-6

戸田市版セサミストリートカリキュラム

人工知能（AI）が様々な職業を代替していく時代に向けて
様々な変化に積極的に向き合い、主体的に判断し、多様な人々と協働しながら
新たな価値を創造する力の育成が必要

戸田市教育委員会 ✕ セサミワークショップ

セサミワークショップは世界150以上の国々において、「セサミストリート」を提供している米国NPO法人。メディアがもつ教育的な力を活用して、世界中の子供たちが「かしこく」「たくましく」そして「やさしく」育つことを支援することをミッションとしている。

＜ 戸田市版セサミストリートカリキュラムを通して ＞
・夢をえがき、計画を立て、行動する力の育成
・みんなで考える力の育成
・多様性を理解する力の育成

目標と選択	方法と手段	価値の理解	多様性とインクリュージョン
・夢をえがく ・目標をたてる	・計画をたてる ・行動する ・問題を解決する ・コラボレーション	・お金の価値 ・物事の価値 ・人の価値観	・社会的スキル ・多様性の理解 ・インクリュージョンの実現

(5) リーディングスキル

　リーディングスキルとは、書かれたテキストの意味や意図を迅速かつ正確に読み取る力であり、汎用的な基礎的読解力と言い換えることもできる。学校での授業や家庭学習において教科書をどれほど正確に読み取れているかは学びの基礎として重要であり、また、問題の意味を正しく把握し、それに対して自分の考えを持ち、他者と交流して学びを深める真のアクティブ・ラーニングを実現させるためにも不可欠である。リーディングスキルは、本市においてあらゆる教育活動を通じて育成を目指す「21世紀型スキル」、「汎用的スキル」、「非認知スキル」を支える最も基礎的なスキルになるものと捉えている。

　本市では、このリーディングスキルについて、「すべての生徒が中学校卒業段階で教科書を正しく読めるようにすること」を目指し、2018年度から2校の小学校を研究指定校として指定し、実践研究を行っているほか、全体として以下のような取組を行っている。

　まず、児童生徒のリーディングスキルを測り、授業改善に活かすために、市内の全小中学校において、小学校第6学年～中学校第3学年までに対して国立情報学研究所（研究代表者：新井紀子教授）が開発したリーディングスキル・テスト（以下ＲＳＴ）を実施している。ＲＳＴとは、教科書や新聞、マニュアルや契約書などのドキュメントの意味及び意図をどれほど迅速かつ正確に読み取ることができるかの能力を測定するものであり、主に中学・高校の教科書から抽出した短い文から出題される。人間の読解プロセスに着目し、①係り受け解析、②照応解決、③同義文判定、④推論、⑤イメージ同定、⑥具体例同定（辞書、理数）の6つの問題セットから成り立っており、それぞれに係る能力を測定することができる。

　このＲＳＴを通じて児童生徒が教科書をどれほど正しく読めているかを調査し、読めていない子の傾向や読めていない理由を分析している。また、ＲＳＴの正答率が高い児童生徒の学習態度等から、リーディングスキルの育成につながる指導方法を見いだすこともできる。これらを通じて、ＲＳＴを活かした授業づくりを研究している。

　また、教師への研修として、実際にリーディングスキルに係る問題を作成することで理解を深めるＲＳＴ問題作成研修会や各種学力調査の誤答分析をリー

ディングスキルの観点から考察する研修、教師が実際にＲＳＴを受検して国立情報学研究所の特任研究員による講評を受ける研修などを実施している。

　さらに、新井紀子教授が監修した授業を市内の教師が見合う授業研究会を実施している。例えば、2018年９月には、第４学年国語科「正しく伝えよう」の単元において、オセロの実況中継について無駄なく正確に表現する課題を設定した。言葉の示すとおりにオセロを並べたり、オセロの並べ方を文章で表したりする学習活動を通して、「イメージ同定」や「具体例同定」を育むことを目指した。

　以上のような様々な実践を通じ、教師にリーディングスキルへの理解を促し、よりよい授業づくりに向けた授業改革を促している。

(6)　その他の新たな学びの実践

　以上のＰＥＥＲカリキュラムのほかに、戸田市では、外部講師やカリキュラムによるプロジェクト型学習、企業の講師によるデモンストレーションを取り入れたプレゼンテーション大会、埼玉県立近代美術館による出前授業の実施、劇団による美しい日本語の話し方教室などの様々な取組を実践している。また、体力向上の面では、青山学院大学等と連携した大学生による体育の授業でのサポートや、プロ野球チームによる体育の授業等への講師派遣などを実践している。

３　アクティブ・ラーニングの推進のための戸田型授業改善モデル

(1)　戸田型授業改善モデルの概要

　本市では、産官学民との連携のもとで新たな学びの推進を積極的に実践しつつ、各教師による日常的な授業改善を促すための「戸田型授業改善モデル」（**図表３−７**）を構築している。このモデルの最大の特徴は、授業改善に関する複数の取組を、本市が独自に作成したアクティブ・ラーニングの推進のための学習指導用ルーブリックに結び付けるものであるが、本モデルの５つのポイントを紹介する。

図表3-7
◆戸田型授業改善モデルのイメージ

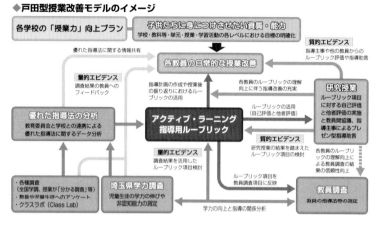

① 子供たちが身に付けたい資質・能力の明確化

　教育改革における全ての始まりが今後の学校教育の目指すべき方向性を考えることにあるのと同様、授業改善の全ての始まりは教育を通じて子供たちにどのような力を身に付けるのかを学校や教師自身が考えることである。知識・技能を子供たちに伝達するだけではなく、子供たちが実際に社会に出たときにその力を使えるようにすることを意識すれば、授業方法は自ずと工夫されていくはずである。そして、個々の授業が目的志向となるための道筋としては、まずは学校全体の目標があり、それに基づき教科等、単元、授業や学習活動の各レベルにおける目標を立てていく必要がある。

　学校全体の教育目標については、これまでも各学校で伝統的に掲げているものはあったが、抽象的・一般的すぎるものが多く、前例踏襲的で、学校内の教職員が意識するものではなかった。各校が毎年提出する「学力向上プラン」[1]も、どの学校も一様で変わり映えがせず、実態が全く反映されていなかった。そこで、本市では2018年度にこれを一新することとし、子供たちにどのような力を身に付けさせたいかという具体的な教育目標を学校全体でボトムアップで作るよう依頼するとともに、学力調査等の結果分析や現状把握などから課題を洗い出し、その課題を解決するための具体的取組を考えるという、目標、課題、取組の3つをしっかりと結び付けるようなプランを提示することを求めた。各校

---

(1) 埼玉県が授業改善を目的として各市に毎年提出を要請するもの。

が新たに作成したプラン案は教育委員会の指導主事が全て確認をし、学校とやり取りをしながらブラッシュアップをしていった。その結果、それぞれの学校が何を目指し、どのようなことに取り組むのかが学校内外の人々に一目で分かるような、各校の特色が反映されたものに生まれ変わった。今後は更に、このプランに基づく現状把握や評価を行っていくことで、これを学校の指針として根付くものとしていきたい。

② ルーブリックの中核化

既述のとおり、本モデルは、学習指導用ルーブリック（81頁参照）を中核に据えて、各教師の日常的な授業改善、研究授業、教員調査等の全ての授業改善のための取組をこれに結び付けることに特色がある。そもそもこのルーブリック自体が、アクティブ・ラーニングの視点からの授業改善を進める上でのチェックポイントとしての役割を果たすものであり、教師はこれをもとに授業計画を作成したり、授業後の振り返りを行ったりすることを通じて、日々の授業改善に結び付けることができる。これに加え、年に１回指導主事や校内の教師が観察する研究授業でもルーブリックを用いることで、指導主事は常にルーブリックを基軸とした指導を行うことができ、毎回の指導を単発的・個別的なものから知見が蓄積するものに変えることができる。また、自己評価と他者評価の両方を実践し、授業者がその違いを見つめることによってよりルーブリックへの理解を深めることでルーブリック活用の質を高める循環を生み出すことができる。さらに、ルーブリックの項目を教員調査に落とし込むことによって、教師の実際の指導に関する意識と埼玉県学力・学習状況調査による学力の伸びとの関係を把握し、その結果等をもとにルーブリックをさらに改善していくことができる。このような、ルーブリックの活用、理解の増進、改善の全体のモデルの中で実現する仕組みとしている。

③ 各教師へのフィードバックの充実

授業改善のＰＤＣＡ（Plan, Do, Check and Act）サイクルのために必要なことは、各教師へのフィードバックである。子供たちの学び自体に多面的な見方があり、学力調査等により一面的に計測できるものではないのと同様、教師の指導力も何か特定の指標により価値が測れるものではない。また、日々子供たちと向き合う現場の教師が、一部の数値の向上を意識しすぎることで子供との

人間的なやり取りに影響することが好ましくないのは当然である。しかし、授業改善に努力する教師が、その成果がどうであったかの参考とするためのフィードバックを行うことには一定の価値があると考えている。そこで、埼玉県学力・学習状況調査による学力の伸びとともに、授業がどれだけ分かったか、どれだけ好きかを測る本市独自の「授業がわかる調査」の結果等を併せて提供することを研究している。

④　研究授業

　本市においては、他の多くの自治体と同様、指導主事が毎年全学校を訪問し、公開授業や研究授業への教科ごと、また全体への指導を行う学校訪問の取組を行っているが、近年そのやり方を見直し、アクティブ・ラーニングの推進の観点からの授業改善がより進むような形に改革している。

　学校訪問の大まかな流れとしては、午前に公開授業を実施し、指導主事を含む関係者が各教室を回って授業の様子を観察する。これをもとに、午後の「分科会」において教科ごとに指導主事がルーブリックに基づき、その授業への評価や指導を含んだ資料を使ってプレゼンテーション型の指導を実施する。さらに、代表教員による研究授業を実施した上で、その授業を授業者と観察者である校内の他の教師がルーブリックに基づき評価を行う。その評価が特に違う点等を中心のテーマに据えて、全教師を集めた研究協議会において全体でアクティブ・ラーニング形式によって協議をし、最後に、全体を通じての指導を代表となる指導主事がプレゼンテーション型で実施する。授業を見る視点に一貫してルーブリックを活用することで、各教師のルーブリックへの理解が深まるとともに、知見を整理しながら積み上げていくことができる。

⑤　エビデンスベースでのルーブリックの継続的改善

　モデルの中核となるルーブリックについても、様々な取組からのフィードバックをもとに継続的に改善を行っていく。その際には、調査や研究による数値的結果のような「量的エビデンス」と、数値的ではない結果による「質的エビデンス」の両方を重視していく。

　例えば、量的エビデンスとして、ルーブリック項目を盛り込んだ戸田市独自の教員質問紙調査と埼玉県学力・学習状況調査の分析をもとに、ルーブリック項目を検討することが考えられる。また、質的エビデンスとして、研究授業に

おけるルーブリックの活用を通した評価表の分析結果や現場の教師の声などをもとにした協議を通じての変更も考えられる。

以上のようなモデルのもとでの取組の充実を通じて、ルーブリックを基軸とした授業改善の取組を今後も加速させていく。

(2) アクティブ・ラーニング・ルーブリック

戸田型授業改善モデルの軸となっている上記のルーブリックは、2016〜2017年に文部科学省より委託を受けた「教科等の本質的な学びを踏まえたアクティブ・ラーニングの視点からの学習・指導方法の改善のための実践研究」において開発された3つのルーブリックのうちの1つである。本事業の中では、子供たちの学力の伸びが分かる埼玉県学力・学習状況調査や本市独自の教師への質問紙調査をベースとした教育の効果検証に関わる研究も参考にしつつ、産官学民と連携した授業実践についてアクティブ・ラーニング研究員等が作成した延べ100枚以上の評価シートから、授業研究会等において研究員等が協議を重ね、主体的・対話的で深い学び（いわゆるアクティブ・ラーニング）の推進のために重要と考えられる要素を段階的に抽出するなどして3つのルーブリックを作成した。

その3つとは、アクティブ・ラーニングの推進を目的とした学習指導方法改善のためのチェックポイントをまとめた「学習指導用ルーブリック」、学習者自身が自己の学びを効果的に振り返ることができる「自己評価用ルーブリック」、そして学力の向上に良い影響を与える非認知能力も含めた子供たちに育みたい

図表3－8

ルーブリック名	使用者	使用時	方　法
学習指導用	教師	授業前・後	・チェック項目を基に授業づくり授業分析（振り返る）する。
自己評価用	児童生徒	授業中・後	・チェック項目を基に自己の学びを振り返る。
資質・能力	教師	授業前	・項目を基にカリキュラム・マネジメントを行う。 ・本時の目標を明確にする。

資質・能力をまとめた「資質・能力ルーブリック」である（**図表３－８**）。中でも学習指導用ルーブリックは、既述のとおり、各学校の授業研究会や学校訪問において研究協議の共通する指標とし、アクティブ・ラーニングの視点からの授業改善が実現するための学習指導の具体的な姿を明らかにするために活用されている。かつ、教育委員会においても、本ルーブリックに基づく授業者による授業後の自己評価について、データとして取りまとめ、教員全体の傾向、校種別、教科別等で区分けし、教員研修や指導主事からの指導助言の指針としていくよう研究を行っている。

　学習指導用ルーブリックは、日々の授業づくりを５つの視点から構造化し捉え直したところに特徴がある。まず、本時で子供たちが目指すべき目標、評価規準を正しく設定すること。それと対応できるよう、子供たちの学びの評価を行うこと、これを授業の根幹として捉えている（授業づくりの視点１・５）。次に、２・３・４の視点は、「主体的・対話的で深い学び」の視点からの授業づくりをより具体的に示してある（**図表３－９**）。

図表３－９

アクティブ・ラーニング指導用ルーブリック

アクティブ・ラーニングの視点から、PDCAサイクルに基づき、不断の授業改善を図っていくことが、児童生徒の学力向上につながる。そこで、授業を自己・他己評価する際の基本的な５項目を指導用ルーブリックとして示した。

１　子供が目標を理解し、課題に興味をもって取り組んでいたか。
[目指すべき目標・評価規準の設定等]
- 指導計画に基づき、適切な目標（資質・能力の三つの柱に基づき「何ができるようになるか」）が設定できたか。
- 本時の目標が達成できているか評価できるような評価規準が設定できたか。
- 子供の学習意欲を高められるような導入場面であったか。（学習問題や課題の工夫、提示方法の工夫など）

２　子供が自分の考えを表現することができていたか。
[主に主体的な学びの視点]
- 本時の課題を正しく伝えることができたか。
- 自分の考えを表現することができるように、（主につまずいている子供たちへの）支援方法を準備し、実行することができたか。
- 自分の考えを表現することができるように、適切な時間や場の設定・ワークシート等の準備ができたか。
- 学習活動は、目標の達成につながっていたか。

３　子供が友達の発言を受け止め、自分の意見と比べていたか。
[主に対話的な学びの視点]
- 子供たちの考えを広げ深められるような、学習活動（個人、ペア、グループ、全体）が設定できたか。
- 子供たちの考えを広げ深められるよう、教具（タブレットPC・ホワイトボード、ワークシート・具体物等）を工夫し用いていたか。
- 子供たちの考えを板書（ホワイトボード等で示すことも含む）できたか。

４　子供が思考・判断・表現する活動を通して「見方・考え方」を働かせていたか。
[主に深い学びの視点]
- 子供たちが本時に働かせるべき「見方・考え方」は、明確であったか。
- 子供たちが「見方・考え方」を働かせることができるような、学習活動を設定することはできたか。
- 子供が働かせていた「見方・考え方」を可視化する（板書・口頭等）ことはできたか。

５　子供が「分かったこと」「やったこと」や「できたこと」など、学びの成果や課題を実感していたか。
[学びの評価・振り返り]
- 評価規準、評価指標に基づき、本時の子供たちの姿を評価することができたか。
- 評価するための方法や場面を設定することができたか。
- 子供たちが本時の学習を振り返ることができるような場面が設定できたか。

- 本ルーブリックは、平成28、29年度戸田市アクティブ・ラーニング研究委員による授業研究会の協議を基に作成しました。（協議については「平成29年度指導の重点・主な施策「アクティブ・ラーニング6つのチェックポイント」」を基に実施）
- 本ルーブリックは、「文部科学省委託事業『教科等の本質的な学びを踏まえたアクティブ・ラーニングの視点からの学習・指導方法の改善のための実践研究』」報告書内に示されている。
- [指導用ルーブリック]「自己評価用ルーブリック」「資質・能力ルーブリック」の3つのルーブリックのうち、「指導用ルーブリック」のレベル2の内容である。

(3) プロジェクト型学習（ＰＢＬ）の導入

　授業改善モデルに基づく取組を着実に進めていく一方で、今後は、子供たちに社会で活用できる力をしっかりと身に付けさせることや、全ての教科等における授業をより目的志向とするために、プロジェクト型学習（ＰＢＬ：Project-based Learning）を導入するべく準備を進めている。

　ＰＢＬは、その名のとおり、子供たちにプロジェクトを与え、主体的に課題を発見・解決するプロセスを通じて、主体性や協働性、課題解決に向けた様々なスキルを身に付けるための学習である。その導入には様々な切り口があり、例えば、総合的な学習の時間において本格的に取り入れる場合には、地域と連携しながら、実際の社会問題を解決することを目指して活動することが考えられる。広いテーマから、自ら探求すべき課題を発見し、計画を立て、情報の収集、整理、分析を通じて、仮説を検証したり最適な解決策を見つけたりした上でこれらの成果を発表するというまとまった時間における一連の流れを通じて、児童生徒が主導してこれを行うことに意味がある。課題設定はバーチャルなものではなく、本当に地域が困っていることなどの本物であるほど子供たちは本気になり、望ましい。このほか、ＰＢＬにおける重要な考え方やエッセンスを各教科等において取り入れたり、複数の教科等を統合して実践したりすることも考えられる。この場合には、ＰＢＬのエッセンスはアクティブ・ラーニング・ルーブリックと本質的な要素が重なってくるものであることが予想される。現在はＰＢＬの実践の仕方や導入プロセスについて研究を行っているところであるが、2020年度からのモデル校における実践と、その後の他校への展開を予定しているところである。

4　その他の分野における産官学民連携

(1)　多様なニーズへの対応

　全ての子供が等しく教育にアクセスできるよう、一人ひとりのニーズに応じた教育を提供することが重要であることはいうまでもない。そのニーズが多様化・複雑化する中、より保護者や子供のニーズに合わせるよう政策としての質の向上を図るために、産官学民との連携による研究や取組の実践を実施している。特に代表的なものについて、特別支援教育と不登校対策の観点で取り上げ

る。
　ア　株式会社ＬＩＴＡＬＩＣＯとの連携による特別支援教育
　特別支援教育においては、子供や保護者のニーズに合わせたきめ細やかな支援を行っていくことを目指して、株式会社ＬＩＴＡＬＩＣＯと複数の共同研究を実施している。その主な内容は、①ユニバーサルデザインに基づく学級経営と授業実践、②ペアレントトレーニングの学校導入、③個別の指導計画作成システム学校版開発及び導入である。
　まず、①のユニバーサルデザインに基づく学級経営と授業実践の共同研究についてである。本市では児童福祉法に基づく福祉サービスである保育所等訪問支援事業を導入し、ＬＩＴＡＬＩＣＯ支援員が市内小学校に訪問して支援を要する児童へ集団生活適応のための専門的な支援を行っている。本研究では、支援員が訪問している学級について、支援を要する児童を含む学級全児童にとってのより良い支援をすることを目的とし、対象児童及び学級全児童の行動変容を定量化して記録することで、保育所等訪問支援の効果を検証する。これは障害の有無等にかかわらず多様な人々が利用しやすいように生活環境をデザインする考え方であるユニバーサルデザインのコンセプトに基づくものである。
　次に、②のペアレントトレーニングの学校導入では、保護者が子供とのより良い関わり方を学びながら、日常の子育ての困りごとを解消できるよう支援するプログラムであるペアレントトレーニングの学校導入について検証している。文部科学省と厚生労働省が共同で発足した「家庭と教育と福祉の連携『トライアングル』プロジェクト」の方策には、ペアレントトレーニングの実施促進について記載されている。子供と最も長い時間一緒にいる保護者が子供への効果的な関わり方に関する知見を得ることで、保護者のストレス改善が見込まれるだけではなく、学校への信頼度増加や教師の保護者支援の効力感増加が期待できる。導入に当たっては、(ⅰ)ＬＩＴＡＬＩＣＯ指導者から教師へ理論研修、(ⅱ)教育委員会職員が本市教育センターで保護者向けに実践し、教師が参観、(ⅲ)教師が各小学校で実践し、ＬＩＴＡＬＩＣＯ指導者が教師に指導、という３段階のプロセスを踏み、プログラムの質を担保している。
　最後に、③の個別の指導計画作成システム学校版開発及び導入については、2018年度の学習指導要領改訂に伴い、個別の指導計画を通級指導教室・特別支

援学級の児童生徒全員について作成することが義務付けられた。元来、個別の指導計画作成は、作成に時間がかかることや作成者の経験、スキルによって質が異なってしまうことが課題であった。そのため、教師の負担感が少なく、かつ、質の高い個別の指導計画を作成できるようにするため、ＬＩＴＡＬＩＣＯで使用されている個別の指導計画作成システムの学校版の開発を進めている。このシステムは、保護者が回答するアンケート結果や児童生徒の行動や特性等を入力すると、今後の目標設定のヒントや児童の取得すべきスキルの優先順位や指導上の工夫に関する選択肢が表示され、指導計画の策定に大きく役立つものである。多面的なアセスメントを基にし、情報分析を自動化することで、個別最適化された支援が可能になる。

　上記以外にも、教育センターで行っている教師向け研修の講師をしていただくなど、連携を深めて特別支援教育の推進を図っている。

イ　民間事業者との連携による不登校対策

　本市における不登校児童生徒の割合は、国や埼玉県と同様に全体として増加傾向にあり、かつ、学年が上がるにつれ割合も上昇していく傾向にある。

　本市では不登校対策として、教育センターに適応指導教室（通称「ステップ教室」）を設置し、学校に通えない児童生徒を受け入れて指導を行う政策をとってきたが、カリキュラムの充実に関するノウハウの不足や当該教室にも通うことのできない子供たちへの働きかけが課題となってきた。そこで、これまで不登校児童生徒への支援の実績を積んできた民間事業者と連携し、不登校児童生徒への支援を充実させていくこととした。

　連携の内容としては、①不登校児童生徒への支援に係る調査研究と、②不登校対策体制の整備・充実がある。具体的な内容として、不登校児童生徒への支援に係る調査研究については、適応指導教室のカリキュラムの検討、中学校にある相談室（さわやか相談室）への支援充実に係る研究、家から出ることのできない引きこもりの児童生徒を家から出るようにするためのアウトリーチ型支援の研究がある。

　また、不登校対策体制の整備・充実としては、教育センター相談担当職員、学校関係者、行政関係課職員、フリースクール等関係者が参加する総合的な不登校対策会議における不登校に関する現状や対策についての検討・研究、相談

員や教師など相談関係者の資質向上を目的とした不登校対応相談員研修会の実施（年5回）などがある。さらに、年1回教育センターにおいて開催している「保護者とともに不登校について考える会」に、不登校を経験した生徒や保護者の体験発表、県立戸田翔陽高等学校をはじめ、10以上の通信制高校やサポート校等が参加した個別進路相談会を実施するなど、不登校に関する問題解決のための実践的な取組や関係機関との連携強化を図っている。

　このような研究や実践を通じて、学校に行けない子供たちも将来のために必要な力を身に付ける機会を十分に得ることができるよう、多角的に支援していく。

(2)　学校における働き方改革

　学校における産官学民との連携は、外部の知のリソースを活用するという意味で中長期的には教職員の負担を軽減するという面がありつつも、導入期においては連携先との調整や、外部のものを現場に取り入れるための研究や作業等のために一定の負担がかかるのも事実である。これに加え本市の教職員は、時代の変化を捉えるための研修や授業研究にも熱心であり、勤務時間外や休日中にもかかわらず任意の研修会に参加するなど多くの時間を割いている。さらに、他の学校と同様に、通常の授業の準備や生徒指導、中学校であれば部活動などというように、学校におけるあらゆる業務の負担がかかり、教材研究等が極めて限られてしまうのが実情である。様々な教育改革が実を結ぶには、教師が自己研鑽や授業準備等のための時間を確保するよう、全力で負担軽減を図っていくより他はない。

　全国的なことに目を向けると、ＯＥＣＤが2014年6月に公表した国際教員指導環境調査（ＴＡＬＩＳ2013）によると、日本の教師の1週間当たりの勤務時間は参加国最長である（日本53.9時間、参加国平均38.3時間）。このうち、授業時間は参加国と同程度であるが、課外活動（スポーツ・文化活動）、事務業務、授業の計画・準備等に使った時間が長いことも明らかとなった。文部科学省が2017年に公表した教員勤務実態調査の速報値でも、教師の勤務状況は看過できない実態であった。これらの調査を踏まえ、文部科学省は2017年7月に中央教育審議会に学校における働き方改革特別部会を設置し、教師の業務の質的転換

を図り、限られた時間内で児童生徒に接する時間を十分に確保し、必要な総合的な指導を持続的に行うことができるように「学校における働き方改革」を進めている。

　本市でも、2016年度より負担軽減検討委員会を設置し、戸田市の教師の勤務実態を明らかにし、長時間労働に関する課題解決のための方策やワークライフバランスを踏まえた検討を行うとともに、様々な取組を行っている。以下に本市の代表的な取組の一例を紹介する。

　まず、統合型校務支援システムの導入である。本システムの導入により、児童生徒の出欠席の入力だけで、月ごとの出席状況や学校日誌、通知表等に反映され、教師の作業の単純化・効率化が可能となった。また、児童生徒の個人データでも、過去の成績や行動の記録等のデータをシステム内で一括して管理しているため、成績処理等の事務作業で大きく負担軽減につながっている。

　次に、教職員の勤務時間に係る取組として、出退勤管理ソフトや留守番電話の導入、学校閉庁日の導入があげられる。これまでの教職員の出退勤は、管理職による目視や報告だけであったが、出退勤管理ソフトにより記録をとることで、在校時間を意識した勤務につながり、在校時間の削減が期待される。また、業務時間外の留守番電話の設定（小学校午後6時以降、中学校午後7時半以降）や学校閉庁日の設定（8月11日から16日まで）の取組は、2017年度より保護者・地域社会への理解を得ながら進めており、在校時間調査で一定の成果をあげている。

　また、2018年7月には、日本の課外活動の指導時間が長いことや生徒の肉体的・精神的な負荷などを踏まえ、適正かつ継続的な部活動の運営体制の在り方について検討し、戸田市部活動方針を策定した。2018年3月に公表されたスポーツ庁の「運動部活動の在り方に関する総合的なガイドライン」等にも沿った内容となっている。

　上記の取組の他に、市費職員の任用、高性能プリンタの導入等を行い、学校に対して人的・物的支援により業務の負担軽減を図ってきた。今後も学校における働き方改革を支援していくだけでなく、教職員一人ひとりの勤務に対する意識改革も並行して進めることが重要である。

(3) 埼玉県学力・学習状況調査等

　本市では、エビデンスに基づく教育施策の推進を掲げている。これまでその鍵となっていたのが、2015年4月から実施している「埼玉県学力・学習状況調査」である。これは、項目反応理論（ＩＲＴ）を用いて児童生徒の学力の伸びを測定できる調査設計となっており、小学校第4学年から中学校第3学年に実施される。また、本調査では教科に関する調査とともに、学習に対する関心や規範意識、家庭での学習状況を尋ねる質問紙調査も実施分析することで、学力を向上させるための要因を明らかにしようとしている。

　また、本市独自に教員質問紙調査も実施している。これは、教師のどのような指導が児童生徒の学力の伸びにつながるのかを直接的に紐付けようと2016年度から始めたものである。教員質問紙調査は、効果的であると推察される学習指導法や授業づくりの視点等を基に作成する。2018年度からは、前述のとおり、戸田型授業改善モデルのもと、調査項目にアクティブ・ラーニング指導用ルーブリックを反映させている。教員質問紙調査の結果と児童生徒の学力の伸びとの相関を分析することで、具体的にどのような指導方法、授業づくりの視点を持つことが学力向上につながるのかを明らかにしていく。

　これらの埼玉県学力・学習状況調査と教員質問紙調査について、慶應義塾大学の中室牧子研究室との共同研究を行い、エビデンスに基づく学習指導法の確立を目指している。これまでの研究からは、アクティブ・ラーニングの実施が全ての非認知能力の変化にプラスの影響があること、また、非認知能力の伸びが認知能力の向上に影響を与えていることが明らかになっており、アクティブ・ラーニングの実施が学力向上につながることが示されている。今後は、教員質問紙調査の工夫等により、アクティブ・ラーニングが効果的に影響を及ぼす授業を行うために、どのような教師の関わりが有効であるのかをより具体的に明らかにしていくことを目指している。

　埼玉県学力・学習状況調査の更なる活用方策として、2018年度からは、子供たちの学力の伸びをクラスごとにまとめ、クラス全体として大きく学力を伸ばしている教師等に対して、学校管理職とともに指導主事が授業見学をし、その後本人からの聞き取りを行い、優れた指導法に関する共通点を見いだす取組を行っている。このようなデータを蓄積することで、ルーブリックへの反映も含

めた優れた指導法の発信を行っていくことが考えられる。また、教育委員会において、各校の調査結果が一目で分かるようなフォーマットを作成し、各校がこれに数値を写すことにより簡単に各学年の状況を視覚的に把握できるような取組も行っている。これをもとに、各校は学内の教職員と課題を容易に共有し、要因分析等につなげることができる。

5　今後の展望

(1)　教育政策シンクタンクの設立

　地方自治法において「最小の経費で最大の効果を挙げる」ことが求められているように、税金を原資とする公共政策においては費用対効果の見極めや事前事後の政策評価への要請が強く、特に近年は日本を含む先進国においてＥＢＰＭ（Evidence Based Policy Making）への注目度が高まっている。

　しかしながら、とりわけ教育界においては、その成果は数値に換算することが難しいといった理由から、「未来への投資」という甘言により聖域のような扱いを受けてきた傾向がある。そのような中、むしろ教育界であればこそ、個人的な経験則に基づく教育活動をやみくもに展開するのではなく、今後は科学的根拠（エビデンス）に基づいて効果的な手立てを打っていくことが重要であると考える。戸田市では、教育版ＥＢＰＭとして教育界においては永遠の課題ともいえる指導方法と学力向上との関係等について、研究者との連携・協力のもとで研究に取り組み、子供たちに確かな学力を身に付けさせることを目指してきた。

　しかし、外部の研究者に頼る調査分析のみでは、市や教育委員会が所有するデータを外部に提供することに伴う加工のコストや個人情報面での制約のほか、教育委員会の意思が十分に浸透しない研究となりうることや、コスト面での継続性といった問題が起こり得る。そこで、戸田市では基礎自治体としては全国初のデータの管理、分析、実践等を一括して自前で行う「教育政策シンクタンク」を設置することとした。

　教育政策シンクタンクは、戸田市の教育をより効果的にするため、優れた教育政策や教育実践をエビデンスベースで検証し、知見を蓄積・発信していくことを目的とし、構成員として近年新規で採用している事務職（教育枠）を含め

る教育委員会の政策担当職員を中心に、ＥＢＰＭに識見のある有識者をアドバイザーとして加えた体制を想定している。また、これまでどおり、産官学民の外部機関等との連携も続けていく。

　シンクタンクは、ＥＢＰＭを進めるにあたり、教育の実践事例やアンケート、インタビューの分析等の定性的な研究（質的研究）と統計データの分析による相関関係の発見等の統計的・実証的な研究（量的研究）の双方を重視し、目的に合わせて相互補完的に活用する。

　これをもとに、①教育委員会、学校、教師へのフィードバックに基づくＰＤＣＡサイクルの確立、②授業改善に係る知見の一般化、基準化、③教育改革の新たな視点の発見の３つのアプローチで取り組んでいく。教育政策シンクタンクを中心に、とだっ子に予測不能な未来を生き抜くために必要な力を身に付けさせることを目指している。

(2)　EdTechへの挑戦

　「EdTech」とは、Education（教育）とTechnology（テクノロジー）を組み合わせた造語であり、教育において新しいテクノロジーを活用する取組として、教育の質を大きく向上させるものと期待されている。「テクノロジー」の意味を科学的知識に基づき開発された方法論として広く捉えれば、ＩＣＴやＡＩといった目に見える機械や機器のほか、統計的手法も含めたデータサイエンスのような方法論もこれに含めることができる。このうち後者については、前節で述べたＥＢＰＭに大きく重なってくるものであるため、ここでは前者の具体的な取組について主に記述する。

　まず、2019年３月時点における本市の主なＩＣＴの整備状況については、以下のとおりである（**図表３－10**）。

図表３－10

戸田市におけるＩＣＴの整備状況について

ＩＣＴ機器	整備状況
○職員用ノートＰＣ（校務用） ○教室用タブレット型ＰＣ（指導用）	・教員１人につき１台（校務用） ・各教室に１台
○大型モニター	・各教室に１台（各教科の指導用デジタル教科書含む。）

○タブレット型ＰＣ（学習者用） ○Chromebook（学習者用）	・パソコンルームに40台 ・小学校に全2,000台（児童３人当たり１台） 　※中学校については今後1,000台程度を導入予定
○特別支援学級用iPad ○高速無線ＬＡＮ	・小・中学校に全80台（児童生徒２人当たり１台） ・全教室（体育館・特別教室含む。）

　EdTechの活用は、機器の導入や活用方法等において、産官学民との連携が有効に作用する。例えば、企業との連携により、ＡＩロボットを活用した英語のコミュニケーション活動の共同研究を実施している。単なる定型化された英会話練習にとどまらず、子供のレベルに応じて英語のやり取りを行えるため、コミュニケーションを行う上で大変重要な即興性を効果的に高めることが期待できる。また、Web会議システム等の活用による遠隔授業・遠隔研修も実施している。2018年度より教育提携を結んだ福島県西会津町に対しては、このシステムの活用により戸田市の教員研修を同時中継する試みを開始した。文部科学省との連携による香港日本人学校との交流事業において、戸田市の小学校と児童同士が英語による交流をするほか、西会津町同様に教員研修を提供する予定である。

　今後は、技術の日進月歩の進展を注視しながら、２つの方向性を実現したいと考えている。その１つは、学びの個別最適化を進めていくことである。子供の学習記録（スタディ・ログ）や健康状況等の情報を電子化し、ｅポートフォリオとしてクラウド上に一元的に蓄積することで、自身や教師、保護者等が成長記録を確認することができるようになる。また、蓄積された学習履歴や成果をデータ化し、ＡＩによるビッグデータ分析を行うことで、それぞれの子供の特性や発達段階に最適化した学習計画や学習コンテンツを提供することも可能となる。さらに、今後、私物デバイス（ＢＹＯＤ：Bring Your Own Device）の導入が進み、ｅラーニングやＳＮＳ等を活用した安全性の高いコミュニティ学習は時間等に影響されない主体的な学びを行うことも可能である。このように、EdTechの導入により「一対多の集団指導インプット型」から「一対一の個別指導アウトカム型」を前提とした教育への転換が期待される。

　２つ目は、「匠の技」の可視化である。学校教育は、優れた教師の指導の実践知や暗黙知、経験と勘といった教師個人の「匠の技」に支えられてきた側面が

ある。これまでの教師の「匠の技」の伝承については、授業の参観や研修会での講義を通して行われてきたが、客観的な指標がないために、ごく限られたコミュニティでの知見は積み上がるが、外に展開したり、広く世代間で継承したりすることが難しい状況にあった。これを技術の力によりメスを入れようということである。例えば、音声を記録し、分析できる議論評価サービスや、映像を記録し、表情などをセンシングする等の技術が開発・改良されることで、教師の「匠の技」を可視化・分析し、ビッグデータとして蓄積できる可能性がある。また、そのデータを教育委員会間で比較・分析することを通して、優れた指導法に共通する特徴を抽出し、授業改善や教員研修を効果的・効率的に行うことで、学校や世代を超えた共有が可能となり、ひいては多くの子供たちが質の高い教育を受けられることにつながることが期待できる。

　これらの研究について、技術の進展も見据えつつ、様々な可能性を模索しているところである。EdTechの活用により、これまでの教育の常識が破られ、より効率的で効果的な教育を実践できるようになる可能性がある。技術や研究の進歩のほか、個人情報への配慮やセキュリティ対策、学校のＩＣＴ環境整備等、様々な課題があるが、本市はこれらを乗り越える挑戦を続け、新たな教育の枠組みを模索していきたい（**図表３－11**）。

図表３－11

第Ⅲ部

公民連携による共同研究事例

若年層の「まち意識」の実像とその孵化育成に向けたアプローチ──2015年・2016年共同研究「戸田市における20代・30代の若年層の居場所に関する研究」から

目白大学　高久聡司・大西律子

Column 1　戸田市政策研究所と目白大学社会学部地域社会学科の連携

今日各地で展開している大学と自治体の連携であるが、戸田市と目白大学はいち早く2009年から連携をスタートさせ現在に至っている（下表）。

その背景には現場主義を掲げフィールドワークを重視し、地域課題の探究・解決策を考える地域社会学科の特性と自治体シンクタンクとして調査研究業務の推進を目指す政策研究所の方針が一致したことがある。

年度	連携事業
2009年度	戸田市政策研究所　インターンシップ開始（現在に至る） 戸田市寄付講座（「地域政策の開発」）開始（現在に至る）
2010年度	戸田市から目白大学への委託調査開始
2012年度	戸田市と目白大学の共同研究開始（現在に至る）
2015年度	共同研究「戸田市における20代・30代の若年層の居場所に関する研究」（2か年）開始
2017年度	共同研究「戸田市におけるスポーツ・レクリエーションを軸とした〈交流型まちづくり〉に関する研究」（2か年）開始

1　「若年層の居場所」研究の実施の背景・目的

(1)　世論調査にみる若年層への期待と現実

ここ数年、各自治体は、若年層[1]の定住促進や転出抑制等に関する施策・事業や若年層の地域参画を促す取組への支援を加速化させている[2]。この背景には、国土交通省（2018年）による地方移住への関心を抱く若年層が20％を超えたと

---

[1] 各自治体が行っている若年層会議等の対象年齢等を踏まえ、20代・30代の若者を若年層と定義する。
[2] 人口減少に苦しむ地方の市町村のみならず、東京都小金井市、多摩市、府中市等の大都市周辺の都市でも取り組まれつつある。

いう調査結果[1]等がある。しかし、これらの取組の抱える課題も浮かび上がっている。例えば、内閣府「国土形成計画の推進に関する世論調査」(2015年)によると、若年層の居住希望地域は三大都市圏や地方都市[3]に集中し、地方の市町村を希望する者は、20～29歳でわずか6.0%、30～39歳で19.6%にすぎないという結果も出ている[2]。このように、若年層の「地方や地域への意識」は捉え難く、若年層向けの施策や取組が、期待とは裏腹に実質的に機能しないことも想定される。それゆえ、いま地域に求められているのは、地域の現状に即して、若年層の地域意識の実像に丹念に迫り、把握・整理し、それを踏まえて彼／彼女らに適切な働きかけを行うことである。

Column 2　「若年層」への期待が集まる背景とは？

人口減少・少子高齢化の急速な進展に伴う地方の衰退が叫ばれる今日、政府は、地方創生の鍵を「若年層の地方への定着」に求めている。それに呼応して各自治体も、「まち・ひと・しごと創生総合戦略」において、①安定した雇用の創出、②新しい人の流れを作る、③若年層の結婚・出産・子育ての希望を叶える、④時代に合った地域を作り、安心な暮らしを守り、地域と地域を連携する、の4つを目標に掲げている。このように20代・30代の「若年層」は、地域の将来を担う中心的な推進主体として期待を集めている（右図は戸田市の「まち・ひと・しごと創生総合戦略」(2015年))。

---

(2)　戸田市で「若年層」に着目する理由

2015年度からの2年間で実施した共同研究「戸田市における20代・30代の若年層の居場所に関する研究」(以下、「若年層の居場所」研究と呼ぶ。)に至る背景及び問題意識は次のとおりである。

大都市周縁に位置付く戸田市は、一見すると他地域からの転入が見込める点で人口減少に直面する地方の市町村とは状況が異なり、前述の危機感を持つ必要性がないように思われるかもしれない。それは、戸田市の次のような特性からもうかがえる。①東京都板橋区・北区と隣接し、②JR埼京線の開通以降、

---

[3]　選択肢は、「三大都市圏の主な都市」「三大都市圏の市町村」「地方都市（人口100万人以上の都市）」「地方都市（県庁所在市及び人口20万人以上の都市）」「地方圏の市町村」「海外」「わからない」。

東京都内へのアクセスの利便性に優れた地域である。③2018年12月１日時点で人口約13.9万人であり現在も増加傾向にある。④平均年齢は40.2歳、20～39歳人口割合は29.0％である「若い」まちである。しかし、戸田市の人口移動の推移をみると、2005年から2010年の５年間において10代・20代は純移動がプラスであるのに対して、30代はマイナス傾向にあり、戸田市は、30～39歳の近隣市町村への転出者の多さを課題として設定している。それは、地域を支える若年層の流出は、中長期的にみれば地域の衰退要因となり得るためである。その点で戸田市は、置かれた状況は異なるものの、他地域と同様に若年層をめぐる問題を無視できない現状がある[3]。

上記を踏まえ、「若年層の居場所」研究では、①戸田市の20代・30代の若年層を対象とした量的調査を通した若年層の「地域意識」実態の把握（＝「まち意識」の発掘）（2015年度）、②その「まち意識」を孵化育成するための柔らかな仕掛けづくり（以下、「若年層向けＳＡＦＩＴ」と呼ぶ。）[4]の検討（2016年度）を目的とした（**図４－１**）。以下、２から３では2015年度研究（目的①）から得

図４－１　「若年層の居場所」研究の展開

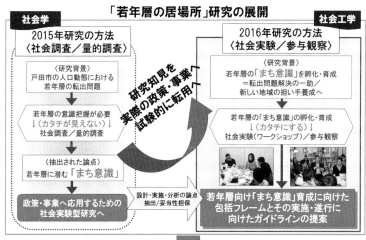

（出典：戸田市政策研究所／目白大学社会学部地域社会学科（2017）：戸田市における20代・30代の若年層に関する応用研究（共同研究報告書））

---

[4]　「まち意識」を孵化育成するための柔らかな仕掛けはSoft Approach to Foster Interest in Townと英文表記されるため、「ＳＡＦＩＴ」と略す。

られた「まち意識」の要点[4]、4では、2016年度研究（目的[2]）[5]から得られた知見を現場へフィードバックするためのガイドラインを提示する。

2　若年層の「まち意識」の把握に向けて

(1)　若年層を捉えるキーワードとしての「柔らか」なつながり

「地域意識」は一般的に「定住志向」「地域での人間関係構築意欲」「地域活動の参加意欲」を軸に検討されている。その「地域意識」の高さが、地域活動への参加につながると指摘される。しかし、考えなければいけないのは、①「地域意識」を高め、②実際に地域活動の参加を促進する要因とは何かである。

その鍵が、近年の社会学やマーケティング・リサーチ領域等[6]で指摘される、「気軽に集えるゆるやかな居場所の存在」、そういった場所で出会う「ゆるやかな人間関係」が「地元志向」や「社会参加」を高めるという調査結果から窺える。これらの調査結果は、若年層の地域意識は、彼／彼女らの地域における「ゆるやか＝柔らか」な日常的なつながりに着目する必要性を示唆している。この点を踏まえ、「若年層の居場所」研究では、若年層の日常の生活・行動を軸とする「地域意識」の把握を目指した（**表４－１**）。回答者は、性別では女性の割合（58.1％）が高く、年代では30〜39歳の割合（66.7％）が高かった（**図４－２**）。

表４－１　調査の方法と主な調査内容

【方法】 ①調査方法　郵送配布、郵送回収 ②調査対象者　2015年６月１日時点で戸田市在住の20歳〜39歳の男女1,500人 ③調査対象者の抽出方法　住民基本台帳に基づく無作為抽出（年齢（５歳刻み）、居住地区の人口比率を基準） ④調査期間　2015年10月10日〜11月16日 ⑤回収状況　回収票616票（回収率41.1％）、有効回答票609票（有効回答率40.6％） ※謝礼・景品は用意していない 【内容】 Ⅰ．戸田市での生活に関する考え方【地元志向】 Ⅱ．戸田市での活動・行動に関する考え方【人間関係】 Ⅲ．基礎項目

（出典：戸田市政策研究所／目白大学社会学部地域社会学科（2016）：戸田市における20代・30代の若年層に関する基礎研究（共同研究中間報告書））

第4章 若年層の「まち意識」の実像とその孵化育成に向けたアプローチ――2015年・2016年共同研究「戸田市における20代・30代の若年層の居場所に関する研究」から

図4-2　回答者の基本属性

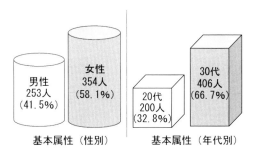

(出典：戸田市政策研究所／目白大学社会学部地域社会学科（2016）：戸田市における20代・30代の若年層に関する基礎研究（共同研究中間報告書））

Column 3　「地域意識」が高ければ地域活動に参加する？

　内閣府「社会意識に関する世論調査」（2017年）によれば、地域貢献意識を有する若年層は60％以上とされる。しかし、総務省統計局「社会生活基本調査」（2011年）では、実際に地域活動に参加する若年層は20％前後にすぎない、という結果が出ている。

　また、第11回戸田市市民意識調査（2014年）では、若年層の約90％が地域活動に参加していない実態が把握されているが、果たして戸田市の若年層は地域に全く関心がない、と言えるのだろうか？

(出典：戸田市政策研究所／目白大学社会学部地域社会学科（2016）：戸田市における20代・30代の若年層に関する基礎研究（共同研究中間報告書））

---

(2) 若年層の定住志向と実態は矛盾する？

　「今後どこに住みたいか」（「戸田市」「川口市」「蕨市」「さいたま市」「東京都内」）を尋ねた結果から戸田市の若年層の「定住志向」を確認する。

　それによると、5つの地域から「戸田市」を選んだ人の割合は49.6％、「戸田市以外」は合計すると、50.4％となる**（図4-3）**。このように、戸田市の若年層の定住志向が決して低いわけではない。

図4-3　今後住みたい地域

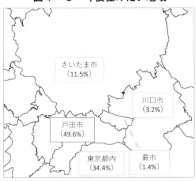

※回答の構成比は、小数点第2位を四捨五入しているため、100％にならない。
(出典：戸田市政策研究所／目白大学社会学部地域社会学科（2016）：戸田市における20代・30代の若年層に関する基礎研究（共同研究中間報告書））

さらに30代の若年層の転出超過という課題を抱える戸田市における30代の定住志向は53.4%であり、20代の42.8%よりも高い傾向にある**(図4-4)**。それゆえに、30代の若年層は戸田市に対する不満ではなく、転職や転勤、結婚、子どもの成長等の「ライフイベント」に起因する外的要因が関係している可能性[7]が考えられる。3では、その点を踏まえて若年層の「まち意識」を抽出する。

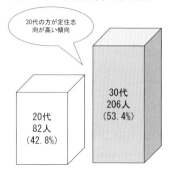

図4-4　定住志向（年代別）

(出典：戸田市政策研究所／目白大学社会学部地域社会学科（2016）：戸田市における20代・30代の若年層に関する基礎研究（共同研究中間報告書））

Column 4　質問文の作り方で回答が変わる？

　私たちの調査では、「定住志向」に関する質問を3つ用意した。質問①は「戸田市に住み続けたいか」を直接尋ねた設問で、その結果は77.9%が「そう思う」（＝定住志向）と回答している。質問②は「引っ越すと想定した場合」と条件をつけた設問で、その結果は、23.7%のみが「引っ越す予定はない」（＝定住志向）と回答した。質問③が「今後どこに住みたいか」であり、戸田市は49.6%となる。今回は、若年層の人口移動実態と近い質問③を採用した。

　このように質問文の作り方次第で、結果が大きく異なる点には注意が必要である。

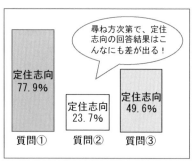

(出典：戸田市政策研究所／目白大学社会学部地域社会学科（2016）：戸田市における20代・30代の若年層に関する基礎研究（共同研究中間報告書））

3 戸田市の若年層にみる「まち意識」とは？

　若年層の定住志向と転出の実態は一致しないことを踏まえれば、転出可能性が高いとされる若年層は、実のところ地域への関心を有しているとも考えられる。

(1) 地域での人間関係を欲する若年層

　「地域での人間関係」への関心を尋ねた結果（**図4-5**）において、注目したいのは、現在、地域で「良好な人間関係が築けている」と感じている若年層は、わずか12.0%にすぎない点である。それに対して、居住地に良好な人間関係を求める者は35.6%、「同世代のつながり」「異世代のつながり」はそれぞれ55.8%、38.9%の若年層が欲しており、戸田市における若年層の地域での潜在的な「人間関係構築意欲＝つながり・交流志向」の高さが読み取れる。

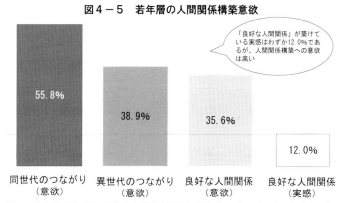

図4-5　若年層の人間関係構築意欲

（出典：戸田市政策研究所／目白大学社会学部地域社会学科（2016）：戸田市における20代・30代の若年層に関する基礎研究（共同研究中間報告書））

(2) 地域で動き出したい若年層

今後の戸田市に求めるもの（**図4－6**）をみると、戸田市の若年層は、地域活動やまちづくり活動への参加実態は別として、「地域活動の参加しやすさ」（62.4％）、「まちづくり機会の充実」（61.3％）への強いニーズを有していることが読み取れる。

以上より、戸田市における若年層は、「他者と関わり、地域で動き出したい意欲」を有しているといえる。このことは、若年層の地域活動等への参加率の低さを嘆くのではなく、「動き出したい」という活動志向を有している点に着目し、その動き出しのきっかけを提供することの重要性を示している。

図4－6　若年層の地域活動参加意欲

地域活動の参加しやすさ　62.4％
まちづくり機会の充実　61.3％

（出典：戸田市政策研究所／目白大学社会学部地域社会学科（2016）：戸田市における20代・30代の若年層に関する基礎研究（共同研究中間報告書））

(3) 若年層の実態から浮かび上がる「まち意識」

「定住／転出志向」を問わず、総じて、人間関係構築意欲、地域活動参加意欲が高い水準にある戸田市の若年層は、地域資源への関心を有している[5]。この若年層の意識特性（「地域資源（人・場所・ライフスタイル・イベント等）への好奇心」、地域ベースドでの「つながり・交流志向」と「活動志向」）を総称して「まち意識」として抽出したい。

4では、この若年層の「まち意識」とそれを孵化育成するための柔らかな仕掛け（以下、「若年層向けＳＡＦＩＴ」と呼ぶ。）に着目して2016年度に試みた社会実験から導き出された知見を、「若年層向けＳＡＦＩＴガイドライン」としてとりまとめ、提案する。

---

[5] 若年層の「お気に入りの場所」（回答数439）は、イオン（119票）、戸田ボートコース周辺（93票）、彩湖・道満グリーンパーク（81票）が並んだ。

Column 5　定住／転出志向に一喜一憂する必要はない？

　定住志向を有する人ほど「人間関係構築」「地域活動」が高い傾向にあるのだろうか。下図から、確認すると「同世代とのつながり」（意欲）は、「定住志向」を示す人ほど高い傾向にあるが、「転出志向」を示す人であっても50％超の回答率となっている。一方、「地域活動」は、60％を超える回答率があり、「定住／転出志向」による有意な差は見られない。

　つまり、若年層は「定住／転出志向」を問わず、地域への関心＝まち意識を有している。「定住志向」や「転出志向」の結果に一喜一憂せずに、若年層の「まち意識」を育むことが肝要である。

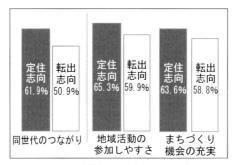

(出典：戸田市政策研究所／目白大学社会学部地域社会学科（2016）：戸田市における20代・30代の若年層に関する基礎研究（共同研究中間報告書））

4　若年層向けSAFITガイドライン（中軸編・補完編）

　2015年度の共同研究で抽出された、若年層の「まち意識」（地域資源への好奇心、地域ベースでのつながり・交流志向や活動志向）の存在は、人口減少・少子高齢化のただ中にある多くの地域にとって一縷の望みといえる。これをいかに孵化育成し、若年層を、地域ベースの暮らしや活動へと安定的に結び付けていけるかは、地域創生における本質的かつ重要な論点といっても過言ではない。

　そこで本節では、2016年度の共同研究で試みた、2回に及ぶ社会実験から得られた知見を踏まえ、「若年層向けＳＡＦＩＴ」に資する6つのガイドライン（優先度の高い中軸的ガイドライン1点、それに付随して考慮すべき補完的ガイドライン5点）を提案する（**図4－7**）。

図4−7　若年層向けＳＡＦＩＴガイドライン（6つの指針）

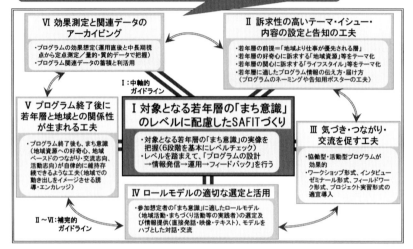

（出典：戸田市政策研究所／目白大学社会学部地域社会学科（2017）：戸田市における20代・30代の若年層に関する応用研究（共同研究報告書））

(1) 若年層向けＳＡＦＩＴガイドライン〈中軸編〉

ア　若年層の「まち意識」を捉える基準とレベルチェック

　若年層向けＳＡＦＩＴを設計する上で最初になすべきことは、対象となる若年層の「まち意識」の実像を把握することである。そのために、まず、若年層の「まち意識」を捉える6段階モデルを提案したい（**図4−8**）。多くの若年層は、「地域よりも仕事への関心が優先される第Ⅲゾーン」に位置づく。その第Ⅲゾーンに属する若年層の「まち意識」をおおよそ4段階から区分する。具体的には、「地域資源への好奇心」や、地域ベースドな「つながり・交流志向」、「活動志向」を潜在的に有している段階をレベル0、それらの意識をぼんやり自覚する段階をレベル1、中でも「つながり・交流志向」が明確に芽生え始める段階をレベル2、それらの志向を強めた結果として、地域ベースドでの活動志向が顕在化し、地域活動・まちづくり活動等を単発的に始動させる段階をレベル3、とする4段階である。次に、若年層の一部が位置づく「仕事と地域への関心がほぼ拮抗している第Ⅱゾーン」を、地域ベースドな活動を本格的に始動さ

せる段階としてのレベル4、若年層のさらにごく一部が位置づく「地域への関心が相対的に高まる第Ⅲゾーン」を、それらの活動に、より積極的な価値を見いだし、地域リーダーとしての役割を担い始める段階としてのレベル5の、2段階から区分する。

図4－8　若年層の「まち意識」を把握する6段階モデル図

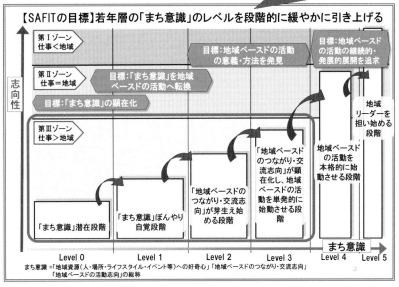

(出典：戸田市政策研究所／目白大学社会学部地域社会学科（2017）：戸田市における20代・30代の若年層に関する応用研究（共同研究報告書））

　次に、ＳＡＦＩＴへの参加が想定される若年層の「まち意識」を、どのタイミングで測るかであるが、プログラムの設計前が理想的であり、その場合は測定結果をプログラムづくりに役立てることが可能となる。ただし、諸般の事情で、プログラムの運用直前や途中で「まち意識」を測る場合でも、測定結果を、適宜、プログラムの軌道修正に活かしていくことで、ＳＡＦＩＴの実質的効果を担保することが可能となる。また、「まち意識」の測定には、アンケート（**図4－9**）、インタビュー、観察といった手法を用いることが適当だが、状況によってそれらを単独もしくは組み合わせて活用すればよい。要は、こうした取組を通じて、プログラム提供者が、若年層を十把一絡げに一律的に捉えるのではな

く、若年層の「まち意識」の振り幅に気づくことが重要である。

図4－9　若年層の「まち意識」を測定するためのアンケート例

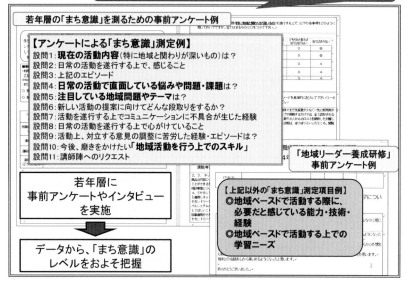

（出典：戸田市政策研究所／目白大学社会学部地域社会学科（2017）：戸田市における20代・30代の若年層に関する応用研究（共同研究報告書））

イ　若年層の「まち意識」の段階性を踏まえたＳＡＦＩＴの具体例

　ＳＡＦＩＴの効果的な提供に当たっては、その前提として、参加が想定される若年層の「まち意識」のレベルをおおよそ把握し、そのレベルに応じてプログラムの細部（例えば、どんなテーマやイシューを扱うのか、どんな運び方をするのか、プログラムの存在自体をどのように伝え参加を促すのか等）を検討しておく必要がある。現実には、レベルの異なる若年層が混在する形で、プログラムが運用されることが多いと想定されるが、いずれにせよ事前に、参加が想定される若年層の「まち意識」の振り幅を様々にシミュレーションしておくことで、プログラムの内容や運用に工夫の余地が生まれるものである。

以下では、若年層の「まち意識」の各レベルに応じて、どのようなSAFITが適しているのか、具体例を挙げて解説する。

【レベル0層に適したSAFIT】

「まち意識」を潜在的に有するレベル0層には、地域活動やまちづくり活動を主題とする、いわゆる学習型プログラムといった目的的な強い働きかけではなく、むしろ若年層が潜在的に有している地域の「場所」への好奇心や「人とのつながり・交わり」への志向性に訴求していく、いわば「柔らかな集いの場」を設定し、その場を通じて、地域そのものにではなく、地域で時間を過ごす楽しさや意義を実感してもらい、レベル1層(ぼんやりでも「まち意識」を自覚的に認識する段階)へと自然に誘う場づくりが効果的である。

例えば、若年層の関心が比較的高い「食」(地域の生産業者、飲食店等が取り扱っているパン、チーズ、ワイン・日本酒・ビール、野菜等のこだわりの食材やそれらを活用した料理)や、若年層にとって身近なイシューである「働くということ」(仕事の哲学・流儀・悩み・スキル等)、「ポップカルチャー」(映画、音楽等)、「レジャー・スポーツ」(散歩、自転車、マラソン、フットサル、サッカー、野球、ボート等)、「地元で注目のスポット(場所、施設、イベント等)やキーパーソン、グループ、ネットワーク」等をトリガーとする堅苦しくないワークショップや柔らかな集いの場(**写真4-1、4-2**)をメインとするプログラム等が考えられる。

写真4-1 地域の気になる場所をトリガーとする柔らかな集いの場①

写真4-2 地域のカフェから調達した「食」をトリガーとする柔らかな集いの場②

(出典：戸田市政策研究所／目白大学社会学部地域社会学科(2017)：戸田市における20代・30代の若年層に関する応用研究(共同研究報告書))

【レベル1層に適したSAFIT】

「まち意識」をぼんやり自覚し始めているが、その意識を地域での動き出しへ転換できていないレベル1層には、ファシリテーターやキーパーソンを介在させながら、地域に内在する多様な資源（「場所」「施設」「人材」「組織（行政・企業・ＮＰＯ）」「地域活動・まちづくり活動」「地域動向・課題」等）に改めて目を向け、向き合い、気づかせるプログラムが効果的である。こうした機会を通じて、若年層が、自分の好奇心をかき立てられる地域資源と出会い、関連情報に自ら進んでアクセスするといった地域ベースドでのささいな動きを始動させ、地域活動・まちづくり活動等にも関心を広げ、単発的に関与する、いわばレベル2・3層への足掛かりを得ることが期待される。

具体的には、地域ベースドで仕事や地域活動を実践している同世代のロールモデルから、「地域で具体的に取り組んでいること」や「地域ベースドであることの意義・思い・楽しさ」や「工夫・苦労」等について語ってもらい、参加者とロールモデルが対話を重ねていくワークショップ型プログラム（**写真4－3**）や、参加者が、用意された地域活動に短時間でも試験的に参加しながら、そこで出会った人たちに触発され、自分の興味関心の方向性（問題意識）を見いだしていく地域活動ミニ体験型プログラム（**写真4－4**）等が考えられる。

写真4－3　ロールモデルとの対話を重ねるワークショップ型プログラムの例

写真4－4　地域イベントのスタッフにトライする地域活動ミニ体験型プログラムの例

（出典：戸田市政策研究所／目白大学社会学部地域社会学科（2017）：戸田市における20代・30代の若年層に関する応用研究（共同研究報告書））

【レベル2・3層に適したSAFIT】

レベル2・3層には、やや受け身ながらも地域ベースドなつながり・交流を求めて、地域情報にアクセスするといったささいな動き出しを始めている層と、

それを一歩進めて、既存の地域活動・まちづくり活動に単発的に関与し始める層が含まれる。よって当該層には、地域の現場を臨場し、対峙する機会を通じて、地域課題に当事者性を持って接近する「フィールドワーク型プログラム」や、地域で既に展開されている地域活動やまちづくり活動に参加し、その体験を通じて活動の意義・方法等を体得していく「地域活動体験型プログラム」が効果的である。こうしたプログラムを通じて、当該層が、レベル４層（地域ベースドの活動を本格化させる段階）へのステップアップを意識・経験の両面から準備していくことが期待される。

　具体的には、当該層の地域に対する等身大の「思い」や「欲求」（「地域に関わってみたいが方法が分からない」「気楽な気分で活動できないか」等）を充足させる目的で、地域活動やまちづくり活動を期間限定ながら当事者性を持って体感できるプログラムが考えられる。例を挙げれば、週末の午後に２回限定で、地域のＮＰＯが主催する地域課題を発見するワークショップや地場産業のＰＲを目的とする地域イベントで、スタッフ（企画やＰＲ、受付・運営等の手伝い）を体験してもらうプログラム（**写真４－５**）である。この種のプログラムを効果的に運用するためのポイントは、参加者に、地域活動やまちづくり活動を、いきなり深く体感させるのではなく、気楽に限定的に体感させるよう、その運びや雰囲気づくりに配慮することである。また、そのためには、実際の地域の現場で地道に活

写真４－５　地域活動体験型プログラム例（地域イベントで案内係を担当）

（出典：戸田市政策研究所／目白大学社会学部地域社会学科（2017）：戸田市における20代・30代の若年層に関する応用研究（共同研究報告書））

動を展開し、レベル２・３の若年層の実像（「まち意識」は明確に芽生えてはいるが、地域ベースドな活動に、継続的・発展的に参加するには至っていない）に理解を示し、当該層の実験的な受入れに意欲的な地域リーダーらの協力を仰ぎながら、プログラムの内容や運用の在り方を細かく調整する必要がある。つまり、当該層の受入れに理解のある個人・団体（ＮＰＯ、任意団体、自治会等）さえ見つかれば、現場の実際のプロジェクトや活動に合わせて多様にプログラ

ムを提供できる可能性も出てくるため、協力が得られる個人・団体をいかに探り当て、ＳＡＦＩＴの意義を共有してもらえるかがこの種のプログラムの成否を決めることになる。

【レベル4に適したＳＡＦＩＴ】

　レベル4層は、ビジネス・非ビジネスは別として地域ベースドな活動を本格的に始動させている層である。当該層には、既に関与している地域での仕事・プロジェクトや地域活動・まちづくり活動を、今後も発展的に継続展開できるよう支援するプログラム、具体的には、地域ベースドで活動する意味・価値・哲学を改めて問い直し、確認するエンカレッジ型プログラムや、思いやアイデアを地域で実現していくための事業支援型プログラムが適している。こうしたプログラムを通じて、レベル4層は、地域の中心的主体（レベル5層の地域リーダー）にふさわしい意識・能力を両面からブラッシュアップさせることが期待される。

図4－10　Ｄグループを対象とするプログラム例

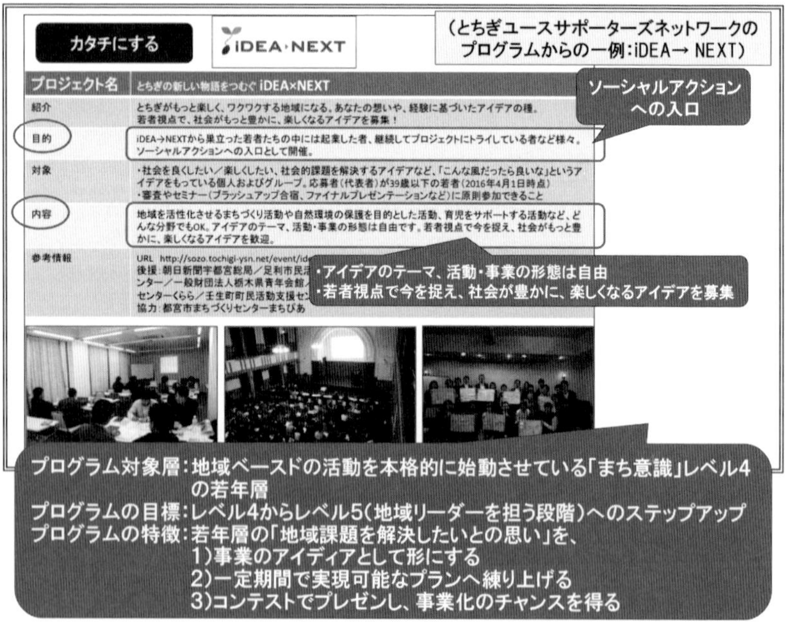

（出典：ＮＰＯ法人とちぎユースサポーターズネットワーク提供の材料を加工して掲載）

　例を挙げれば、当該層が抱く傾向にある、「地域をよくしたい・楽しくしたい

との思い」や「地域課題の解決に向けて動き出したいとの思い」を、まずは、①事業のアイデアとして形にし、次に、②それを一定期間で実現可能なプランへ練り上げた上で、最終的には、③コンテスト形式で地域の実践者・経営者にプレゼンテーションを行い、事業化のチャンスを得る、までを支援するプログラムである(**図4−10**[(6)])。この種のプログラムは、若年層に、自ら主導して地域ベースな事業を継続的・発展的に展開していく強い動機づけを与える可能性があるとともに、結果として、若年層の地域資源への好奇心や、地域ベースドなつながり・交流志向、さらには活動志向を、相互連関的に高める効果も期待できる。いわば若年層向けＳＡＦＩＴの最終形として位置づけられるもので、若年層の地域リーダーを養成するプログラムでもある。

図4−11 若年層の「まち意識」の段階性に応じたプログラム提供のイメージ

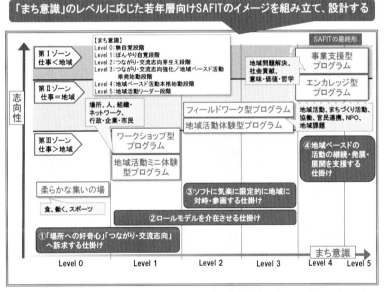

(出典：戸田市政策研究所／目白大学社会学部地域社会学科（2017）：戸田市における20代・30代の若年層に関する応用研究（共同研究報告書）より）

[(6)] Ｄグループを対象とするプログラムは、「若年層の居場所」研究への協力を得たＮＰＯ法人とちぎユースサポーターズネットワーク (https://www.tochigi-ysn.net/) のプログラム（ｉＤＥＡ→ＮＥＸＴ）である。若者のアイデアプランコンテストであるそれは、「とちぎの新しい物語をつむぐ」をテーマに、若者のアイデアの孵化を、栃木県内の実践者や経営者が約3か月間、伴走者となり磨いていく、地域に根ざした、地域のための事業として注目を集めている[8]。

図4-11は、若年層にみられる「まち意識」の階層化と各層に適したＳＡＦＩＴの提供イメージをモデル化したものである。地域で、若年層にＳＡＦＩＴを効果的に提供する際には、関係者間で、本モデル（つまりは若年層の「まち意識」の多層性と振り幅を十分に踏まえた、各層に適した働きかけの在り方）について十分共有し、プログラムの細部や運用の方向性を擦り合わせていくことが望ましい。重要なことは、プログラム提供者が、若年層の「まち意識」を、中長期的視点から、段階的かつ緩やかに孵化育成していく覚悟と気概を持つこと、また、その上で、ＳＡＦＩＴを実験的につくり上げ、試行し、地域を超えた関係者間で、その知見を活用し合うことである。

(2)　若年層向けＳＡＦＩＴガイドライン〈補完編〉

　本節では、前述したＳＡＦＩＴにおいて、優先すべき中軸的ガイドラインを、より実践的に運用する観点から、5つの補足的ガイドラインを具体的に提案する。

ア　若年層に訴求性が高いテーマ、イシュー、内容の設定と告知の工夫

　若年層の多くは、好むと好まざるとに関わらず、仕事優先のライフスタイルを送っている。この点を前提に、若年層向けＳＡＦＩＴの設計・運用に当たる必要がある。具体的には、仕事が優先されることが自明の若年層へ訴求するテーマ、イシュー、内容が何かを、若年層との接触経験から得た質的な感触を手掛かりに検討し、設定することである。優先されるべきは、若年層の、その時代・その時点での興味関心やライフスタイルの実像をできるだけ正確に捉えた上で、それらをプログラム（テーマ・イシュー・内容）の設計・運用に可能な限り反映させることである。

図4-12　若年層への訴求性を考慮して作成したポスター例

（出典：戸田市政策研究所／目白大学社会学部地域社会学科（2017）：戸田市における20代・30代の若年層に関する応用研究（共同研究報告書））

　プログラムの出来栄えは、最終的には、そこに参加した、本来であれば仕事

優先の若年層が、その機会を通じてわずかな時間でも地域で楽しく（あるいは有意義に）過ごすライフスタイルに価値を見いだし得たかどうかで判断される。この点も、当該層に効果的なプログラムを構想する際の重要なメルクマールとして心得ておきたい。加えて、若年層に訴求する内容で構成されたプログラムを、そのターゲットである若年層に適切に伝え、届けるための「情報のつくり込み（ネーミング、ワーディング、デザイン、ロゴ等）」にも十分な検討が必要である（**図４−12**）。また、魅力的なＳＡＦＩＴを用意しても、それを必要とする若年層に情報が行き届かなければ意味がないことから、情報を届けるツールには若年層が日常的に利用しているＳＮＳ等を積極的かつ巧みに活用することが望ましい。

イ　気づき・つながり・交流に配慮した場づくり

　若年層の場合、働きかけ次第では、何らかの地域資源（特定の場所、人・組織、活動・営み等）に主体的に気づき、それをよく知ろうとする欲求や、地域でつながり、交流したいとする志向、さらには地域を起点に動き、活動してみたいとする思いが表立ってくる可能性がある。この点は若年層向けＳＡＦＩＴを設計・運用する際の前提として改めて理解し、関係者間で共有しておく必要がある。また、プログラムを通じて、そこに参加した若年層が、「多くの地域資源（場所的資源、人的資源等）の中から、自分が関心を寄せられるものに出会えたとする実感」や、「地域の中での知り合いが増え、その人々と交流・つながりを持てたとする実感」を得ていくためには、参加者同士が、気楽に発話と傾聴を繰り返すプロセス、具体的には、①ワークショップ形式（**写真４−６**）や②インタビューゼミナール形式（**写真４−７**）、さらには、共に場所やイベントを共有するプロセス、具体的には、③フィールドワーク形式（**写真４−８**）や④プロジェクト実習形式（**写真４−９**）といった仕掛けが有効である。つまり、若年層向けＳＡＦＩＴを設計する際には、「自律的で座学的な場」よりも、他者との関係構築が期待できる「協働的で活動的な場」を設定した方が、より効果が得やすいということである。

写真4-6 ワークショップ形式

写真4-7 インタビューゼミナール形式

写真4-8 フィールドワーク形式

写真4-9 プロジェクト実習形式

(出典:戸田市政策研究所／目白大学社会学部地域社会学科(2017):戸田市における20代・30代の若年層に関する応用研究(共同研究報告書))

ウ　ロールモデルの適切な選定と活用

　前述のような、他者との関係構築が期待できる「協働的で活動的な場」としてのSAFITの効果を、より高める上で重要なのは、ロールモデル(地域ベースドな仕事・プロジェクト・地域活動・まちづくり活動の実践者等)を導入することである。ロールモデルを用いるメリットは、①参加者が、地域で活動を展開している当事者から固有の情報を直接的に提供してもらうことで、「地域ベースドであることの意義」により深く気づかされる効果が見込める、②参加者が、ロールモデルを介在して他の参加者と直接対話を行うことで、地域でのつながり・交流を実感できる効果が見込める、③前記の①や②を通じて、参加者のプログラムへのモチベーションが持続的に醸成され、結果、地域ベースドな実際の動き出しや活動がより現実感をもって誘発される効果が期待される、の3点である。ただし、「ロールモデル」の導入で重要なのは、想定される参加者の「まち意識」のレベルやプログラムの目標(参加者の「まち意識」をどこ

まで引き上げるか等)を踏まえた上で、その点に適合した「情報・知識・経験・実績・ライフスタイル」を有する人材(個人・組織)をいかに選定し、交渉し得るか、という点である。参加者の「まち意識」の段階やプログラムの目標にそぐわないモデルを導入すれば、プログラム自体の効果を損なうことにもなりかねないため、モデルの選定には**表4－2**のガイドラインを参考に、十分な注意が払われるべきである。

表4－2　SAFITに導入可能なロールモデルと期待できる効果

ロールモデル	選定理由／効果
地域活動を始めたばかりの市民	地域活動未経験者を対象に、地域デビューへの心得や楽しさ等を披露してもらうため／ロールモデルが実感している地域活動の動機・意義の受容に効果的〈レベル0層〉
まちづくりイベントの企画・運営者	地域でのイベントづくりを学びたい対象者にイベントの実践経験を伝授してもらうため／ロールモデルのイベントの企画運営に関する知見の受容に効果的〈レベル1層〉
市民ボランティアの調整担当者	市民ボランティアとの関わりを学びたい対象者に経験から得たボランティアの実像を伝えるため／ロールモデルの市民ボランティアの特性の理解に効果的〈レベル1層〉
NPOのリーダー	NPOのマネジメントへの悩み・課題を抱えている対象者にそれらへの解決糸口を教示するため／ロールモデルのマネジメントスキルの伝授に効果的〈レベル2・3層〉
市民活動の事業・活動企画経験者	企画とは何かを学びたい対象者に企画の心得・ノウハウを実践的に伝授してもらうため／ロールモデルの企画づくりの知見の伝授に効果的〈レベル2・3・4層〉
地域を起点に活動している学生	地域の情報や人に触れたい若年層に対して、活動を通して知り得た情報や話題を提供してもらうため(若年層が気負いなく話を聞くことができる対象として学生のロールモデルを用意)／ロールモデル視点からの地域情報の受信に効果的〈レベル2・3・4層〉
地域を起点にスマートに活躍している社会人	今後の自分の働き方やライフスタイルに何がしかのヒントが欲しいと願っている対象者に対して、実践知を提供してもらうため／ロールモデルが実践している地域を捉える枠組み・視点の理解に効果的〈レベル2・3・4層〉

(出典:戸田市政策研究所／目白大学社会学部地域社会学科(2017):戸田市における20代・30代の若年層に関する応用研究(共同研究報告書))

エ　プログラムを通じて若年層と地域に新たな関係性が生まれる工夫

　SAFITの根源的目標は、あくまでも若年層の「まち意識」に刺激を与え、

「地域ベースドな動き出し」（地域の情報を主体的に得る、地域のネットワーク・知人を作る、知り合いと対話や交流を重ねる、地域のイベントに参加する等のささいな動き）を契機とすることによって、若年層が自身のライフスタイルに「地域で楽しく（あるいは有意義に）過ごす時間」を僅かでも主体的に組み込み始めることにある。若年層にとって、プログラム自体が目標ではなく、プログラムを通じて実際の地域との関わり方に新しい変化が生まれることこそが目標のはずである。若年層向けＳＡＦＩＴの提供者は、プログラムの設計・運用ばかりに翻弄されることなく、プログラムが有するこの根源的目標を決して見失ってはならない。

図4－13　若年層の「まち意識」の段階に応じた地域への接続のマッチングイメージ

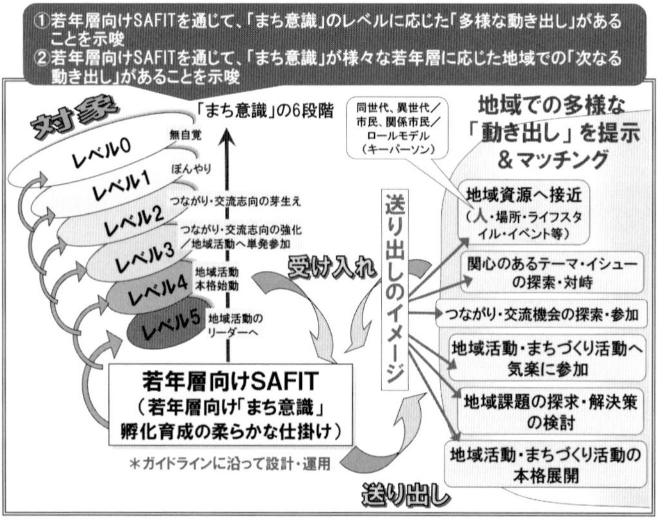

（出典：戸田市政策研究所／目白大学社会学部地域社会学科（2017）：戸田市における20代・30代の若年層に関する応用研究（共同研究報告書））

また、この点を踏まえれば、ＳＡＦＩＴにおいて、参加者が地域ベースドで動き出せる可能性を、多様な形（仕事、趣味、遊び、ボランティア、まちづくり等を分野・形態を問わない）で実感できるよう、きっかけを創出し（出番・役割を付与）、エンカレッジするプログラムを用意することも重要である。**図4－13**は、ＳＡＦＩＴで想定される、「参加者」と「地域ベースドでの動き出し」（①地域資源（人・場所・ライフスタイル・イベント等）への接近、②関心のあるテーマ・イシューの探索・対峙、③つながり・対話・交流機会の探索・参

写真4−10　SAFITのアーカイビングに必要な撮影機材

写真4−11　SAFITのアーカイビングに必要な映像撮影体制

（出典：戸田市政策研究所／目白大学社会学部地域社会学科（2017）：戸田市における20代・30代の若年層に関する応用研究（共同研究報告書））

加、④地域活動・まちづくり活動へ気楽に参加、⑤地域課題の探求・解決策の検討、⑥地域活動・まちづくり活動の本格展開等）とのマッチングイメージを図示したものである。ＳＡＦＩＴの提供者は、プログラムを通じて、参加する若年層に、①「まち意識」のレベルに応じて地域での動き出し方が多様であること、②どのような動き出しが自分に向いているかは試しながら探り当てればよいこと、を示唆してほしい。その上で、ＳＡＦＩＴにおいて、若年層に、地域での動き出しや活動イメージ、さらには、地域での役割・出番等をいかに具体的に付与できるかどうかがポイントとなる。

オ　ＳＡＦＩＴの効果測定と関連データのアーカイビング

　ＳＡＦＩＴの効果は、①プログラムの運用過程で可能な範囲で記録した参加者の音声、画像、動画（**写真4−10、4−11**）、②参加者の反応を把握するために実施したアンケート（**図4−14**）、インタビュー等で得た量的・質的データ、の大きくは2点の分析を通じて捉えることが可能である。しかし、プログラムの実質

図4−14　ＳＡＦＩＴの効果を探るアンケートの一部（本データはアーカイビング対象）

（出典：戸田市政策研究所／目白大学社会学部地域社会学科（2017）：戸田市における20代・30代の若年層に関する応用研究（共同研究報告書））

的効果は、その終了後の普段の生活場面において、⑦参加者それぞれの「まち意識」や「地域ベースドな動き出し」に変容がみられるのか、①その変容要因としてプログラムがどのように影響を与えているのかを確認することによって測られるものである。よってプログラム提供者は、可能な限り、その終了後においても、参加者に対して定期的に自身の「地域への思いや地域との関わり具合」等について情報提供を求め、定点観測が継続できるだけの関係性を担保しておくことが望ましい。なお、前記の①、②やプログラム終了後に入手した関連データは、可能な限りアーカイビング化し、若年層向けＳＡＦＩＴの設計・運用に資する共有財産として広く地域を超えて利活用できることが理想である。

5　本研究の知見と若年層の「まち意識」の孵化育成に向けたアプローチ

表４－３　若年層の「まち意識」を孵化育成するための柔らかな仕掛けづくり（ＳＡＦＩＴ）に向けた６つのガイドライン

【ガイドラインⅠ】対象となる若年層の「まち意識」のレベルに配慮したＳＡＦＩＴづくり
1）ＳＡＦＩＴを効果的に設計・運用するには、プログラムの中心的ターゲットを「若年層のまち意識６段階モデル」に基づいて検討する必要がある。
2）ＳＡＦＩＴの設計段階や運用段階で参加者の「まち意識」を把握し、その結果を設計や運用にフィードバックする。
3）「まち意識」のレベルチェックはプログラムの設計前が理想である。ただし、困難な場合は、プログラム施行前後から施行途中において、適宜実施する。
4）レベルチェックは、状況に応じて、①アンケート方式、②インタビュー方式、③観察方式、④それぞれの適宜組み合わせ方式の４種から選択し、実施する。
5）ＳＡＦＩＴを施行（設計・運用）する際には、想定される若年層の「まち意識」の階層に適合したプログラム提供を最優先課題とする。

【ガイドラインⅡ】訴求性の高いテーマ、内容の設定と告知方法の工夫
1）若年層の意識や行動の実像に迫る「社会調査」、「マーケティング調査」や、当該分野の専門家や実践家等の知見を有効に活用し、若年層への訴求性を最大化し得るプログラム（テーマ、イシュー、内容、仕掛け等）の検討が原則となる。
2）プログラムを、若年層に効果的に知らしめ、プログラムへの参加意欲を引き出すためには、若年層への訴求性を十分に考慮した、「プログラムのネーミング・ワーディング・ロゴ・デザイン等の打ち出し方・告知の在り方」等を検討する必要がある。

【ガイドラインⅢ】気づき・つながり・交流を促す工夫
1）若年層が、プログラム内で「（地域資源に対する）新たな発見・気づき」や「（地域

の人的資源との）つながり・交流」を実感できる仕掛けの導入が有用である。

【ガイドラインⅣ】ロールモデルの適切な選定と活用
１）ＳＡＦＩＴの教材（参加者への気づきの刺激剤）としては、ロールモデル（直接自らの経験知・実践知の情報を提供できる者）の導入を可能な限り検討すべきである。ただし、ロールモデルは、参加者の「まち意識」レベルやプログラムの最終目標に照らして、適任者（個人・組織）を丁寧かつ慎重に吟味検討し、選定する必要がある。

【ガイドラインⅤ】プログラム終了後に若年層と地域との関係性が生まれる工夫
１）ＳＡＦＩＴの最終目標は、参加者の「まち意識の向上」と「実際の地域での動き出し」であり、根源的には、参加者が地域ベースで時間を過ごすことに喜びや楽しさを感じるようになることである。それゆえ、プログラム提供者には、参加者を、地域のどのような現場・資源・テーマ・課題・人・活動等へ結び付け、マッチングさせることが可能かという、地域へ還元・接続させるコーディネート目線が必要である。
２）プログラム内で、若年層の動き出しを、「実際の地域の現場における出番・役割を付与する」ことでエンカレッジする仕掛けづくりがポイントとなる。

【ガイドラインⅥ】効果測定と関連データのアーカイビング
１）プログラム内に運用効果を測定する仕掛け・体制を整えておく必要がある。基本的には、ワークショップ内で参加者の表情や発話を記録に取るとともに、終了時には聴き取り調査やアンケート調査等を実施し、参加者の反応チェックを可能としておく。また、プログラム終了後においても中長期的視点から、可能な範囲で参加者の変容等について定点観測を行うことも視野に入れる。
２）ＳＡＦＩＴの開発をより発展的に進めるためには、プログラム提供者が、その設計・運用プロセスを可能な限り記録し、それらを次のプログラム開発に利活用できるよう体系化・アーカイブ化しておく必要がある。

（出典：戸田市政策研究所／目白大学社会学部地域社会学科（2017）：戸田市における20代・30代の若年層に関する応用研究（共同研究報告書））

最後に改めて、２か年に及ぶ「若年層の居場所」研究を総括しよう。

知見の１つ目は、「定住／転出志向」を問わず、若年層が程度の差こそあれ「まち意識――どこであろうが、若年層が生活を営む「地域」に主体的に関わろうとする意識――」を有していることである。であるならば、各自治体は、地域を将来的に担う若年層を、「東京対地方」「地方対地方」という構図において奪い合うターゲットとしてではなく、循環型の共有資源（どこへ移動しようとも、地域ベースドなライフスタイルを送る可能性のある存在）として捉え直した上で、若年層にどう対峙し、働きかけて、彼ら／彼女らに、地域での暮らしや活動に価値を見いださせていけるのか。各自治体は、ここにこそ、新たな知恵を絞るべきといえよう。

そして知見の２つ目は、この若年層に内在する「まち意識」を孵化育成して

いく仕掛けを、「若年層向けＳＡＦＩＴ」と呼び、その効果をでき得る限り引き出すためのガイドラインを６つの視点から導き出していることである**（表４－3）**。本ガイドラインは、各地域における若年層対策に資することを目的としている。これを手掛かりに、地域が独自のＳＡＦＩＴを多種多様に生み出し、試行し、若年層の「まち意識」に大いなる働きかけが行われていくことを、そして結果として、「まち意識」に開眼した若年層の存在が、名実ともに、難局に瀕する地域の現場を突き動かす原動力となっていくことを願ってやまない。

【参考文献】
①国土交通省（2018）：平成29年度国土交通白書、p69（http://www.mlit.go.jp/hakusyo/mlit/h29/index.html, 2018.8.16）
②内閣府「国土形成計画の推進に関する世論調査（2015年）」（https://survey.gov-online.go.jp/h27/h27-kokudo/index.html, 2018.8.16）
③戸田市まち・ひと・しごと創生総合戦略に係る人口ビジョン（https://www.city.toda.saitama.jp/uploaded/attachment/13486.pdf, 2018.8.16）
④戸田市政策研究所／目白大学社会学部地域社会学科（2016）：戸田市における20代・30代の若年層に関する基礎研究（共同研究中間報告書）。高久聡司・大西律子（2018）：埼玉県戸田市における若年層にみる「地域意識」に関する基礎研究、地域活性学会第10回研究大会論文集、p77〜80
⑤戸田市政策研究所／目白大学社会学部地域社会学科（2017）：戸田市における20代・30代の若年層に関する応用研究（共同研究報告書）
⑥浅野智彦（2011）：趣味縁からはじまる社会参加、岩波書店。原田曜平（2014）：ヤンキー経済、幻冬社、等。
⑦永井保男（2014）：国内移住の人口学、中央大学経済研究所年報、45号、p653-687
⑧地方自治研究機構（2015）：若者を呼び込み協働するまちづくりに関する調査研究

第5章 シビックプライドの分析手法

読売広告社　R＆D局　局長代理
ひとまちみらい研究センター　プロデューサー
上野　昭彦

はじめに

近年、シティプロモーションの領域で「シビックプライド[1]」が盛んに取り上げられている。シビックプライドは、主に「まちづくり」「地域づくり」などの領域で使われてきた概念であるが、人口の急速な減少や高齢人口比率の増加によって定住人口の維持拡大が難しくなってきている中で、自治体のシティプロモーションの目標として活用されることが多くなっているようである。しかし、シビックプライドの具体的な効果や自治体の施策との関係、そしてシビックプライドをどのように測定するかについては明確な定義や説明がされていないことが多い。

本章では、これまで株式会社読売広告社がシビックプライド研究会とともに行ってきたシビックプライドに関する調査・分析について紹介していく。また、取組の一環として、戸田市と共同で行っている「シビックプライドに関する共同研究」についても、一部を紹介する。

1　読売広告社のシビックプライドへの取組

---

[1] シビックプライドは、19世紀のイギリスの都市で重要視された、「都市に対する誇りや愛着」を現す概念である。日本の「郷土愛」とは少し異なっており、東京理科大学理工学部建築学科の伊藤香織教授によると、「都市に関係する人々（そこに住んだり、働いたり、遊びに来たりする人たち）が、その都市に対して持つ誇りや愛着」、「ノスタルジアではなく、都市をより良い場所にするために自分自身が関わっているという当事者意識に基づく自負心」と定義されている。

読売広告社は1929年に創業された、東京都港区に本社を置く総合広告会社である。数多くのアニメ番組のヒット作を手がけており、アニメーションやイベント事業などエンターテイメント分野のビジネス開発力と、住宅不動産領域のマーケティングや都市開発事業のソフトコンサルティング、住関連マーケティングを強みとしている。

 また、近年は自治体から、広告・ＰＲの枠を超えた新商品（産品）開発や地域産品の販路開拓、観光ＰＲ人材の育成等を求められることが増えてきた。

 そのため読売広告社では、地方創生の主要ニーズである「観光振興」「産品開発（拡販）」「移住・定住（促進）」に対して独自のソリューションを提供できる社内横断型のプロジェクト「ひとまちみらい研究センター」（図５－１）を2017年に設立。設立以降、本プロジェクトを中心に、地域課題に対して広告会社が持つノウハウを組み合わせながら、全国各地の地方自治体等の案件[2]と向き合っている。

 地方自治体との取組の中では、単なる一過性の話題づくりやキャンペーンを行うのではなく、地域に元々あった種を活用し、地元で担い手を募るなど「継続できる仕組みづくり」を目指して様々な提案を行っている。

図５－１　読売広告社内のプロジェクト・ひとまちみらい研究センター

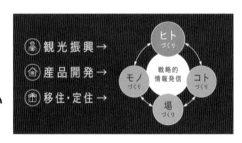

 読売広告社がシビックプライドへの取組を始めたのは、2005年頃である。東京理科大学理工学部建築学科の伊藤香織教授（当時、講師）らとまちづくりの業務に取り組む中で、シビックプライドの概念と出会い、建築／都市計画の伊藤教授、デザインの紫牟田伸子氏を中心として立ち上がった「シビックプライ

---

[2] 長崎県南島原市、青森県、神奈川県平塚市などの自治体との取組は、ひとまちみらい研究センターのホームページで紹介されている。
　http://www.hitomachimirai.jp/

ド研究会」にコミュニケーションの立場から参加した。

当初は海外のシビックプライド事例の収集、検討からスタートし、実際にオランダのアムステルダムやドイツのハンブルグ（ハーフェンシティ）などへの取材を行った。こうした事例研究を中心に、研究会の成果として「シビックプライド　都市のコミュニケーションをデザインする」（2008年　宣伝会議、編著＝シビックプライド研究会　監修：伊藤香織＋紫牟田伸子　企画制作＝読売広告社都市生活研究所）を出版した（**図5－2**）。

図5－2　シビックプライド研究会による書籍

「シビックプライド－都市のコミュニケーションをデザインする」
　（宣伝会議Business Books）
　もっと都市は楽しくなる　もっとまちが好きになる。
　ヨーロッパの成功事例に学ぶ地域活性の指南書。

「シビックプライド2【国内編】－都市と市民のかかわりをデザインする」
　（宣伝会議Business Books）
　都市のコミュニケーションをデザインした事例とQ＆A。第2弾となる本書では、日本での取組に焦点を当て、シビックプライドを醸成する手法を紹介。

海外事例だけではなく、出版前に地方自治体やまちづくりに関係する人々の意見を聞きながら、日本らしい「シビックプライド」の形を模索していった。その中で、日本の自治体のシビックプライドの構造を探るために行われたのが、同書で紹介されている「シビックプライド・プレリサーチ」[3]であり、これが今現在に至るシビックプライド・リサーチの原型となっている。

---

(3)　プレリサーチ（2007）　4地区（函館市・高松市・新潟市・幕張ベイタウン）対象、インターネット調査

2　シビックプライドの構造

　プレリサーチでは、研究会での議論をもとに、シビックプライドを構成する人々の感情として、以下の指標を取り上げている。
　①　（自分のまちに対する）「愛着」「誇り」「共感」
　②　今後もこのまちに住み続けたい（継続居住意向）
　③　このまちを人に勧めたい（他者推奨意向）
　シビックプライドの主要な概念である「愛着」「誇り」「共感」が今後もまちに住み続けたいと思う「継続居住意向」や住むまちを人に勧めたいと思う「他者推奨意向」にどの程度の影響を及ぼすか、また、それぞれの指標を醸成する「街に対する評価やイメージ」（都市に存在する様々なモノ、都市が提供するサービスや喚起されるイメージといったコト）との関係について分析を行い、それぞれの指標がどのように結び付いているのか、モデル化を行ったものが図5－3である。

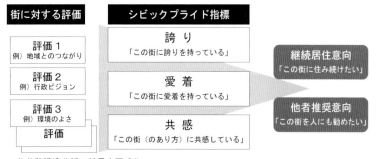

図5－3　シビックプライド分析モデル（全体構造）

（出典：プレリサーチ（2007）の結果を基に読売広告社作成）

　このモデルでは、シビックプライドの構成要素である「誇り」「愛着」「共感」が直接的・間接的に『継続居住意向』『他者推奨意向』につながっているといった全体構造がみられた。注目すべきは図5－4にあるように、
　①　特に「誇り」が「愛着」や「共感」を下支えする
　②　「愛着」は「街に住み続けたい」ことへの影響が強い

③ 「誇り」は「人に勧めたい」ことへの影響が強い[4]
という関係性が見られたことである。

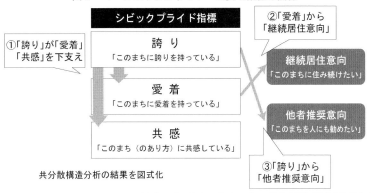

図5-4 シビックプライド 主要な指標の関係

共分散構造分析の結果を図式化

(出典：プレリサーチ（2007）の結果を基に読売広告社作成)

　住民のまちに対する「愛着」や「共感」だけを引き上げることに注力するのではなく、「誇り」の感情を引き上げることで、シビックプライドがより堅固になるという可能性があることを示している。
　このモデルはプレリサーチで構築したものであるが、以降に実施した複数の大規模調査においても、ほぼ構造は変わらないという結果が出ている。このモデルを基本として、各自治体（エリア）でどのような差異があるのかをみることで、自治体ごとのシビックプライドの特性を把握することが可能となる。また、誇り、愛着、共感といった指標と各自治体の「街に対する評価」の関係をみることで、シビックプライド向上の取組へのヒントが得られるのではないだろうか。
　一例として、2016年に実施した調査[5]（東京30キロ圏・n=1480）で行った「自治体の人口増減」と「住民の居住歴」を切り口とした分析を紹介する。
　それぞれの図（図5-5～7）で矢印は「まちへの評価」と「シビックプライド」の関係（影響）を示しており、太い実線は強い影響、破線はマイナスの影

---

[4] ここでは省略しているが、「誇り」⇒「人に勧めたい」の直接効果とともに「誇り」⇒「共感」⇒「人に勧めたい」という間接効果もみられている。
[5] 読売広告社生活者調査CANVASS（2016）東京30キロ圏　訪問留置法による調査

響を表している。

　まず東京圏全体で分析した結果（**図５−５**）を見ると、まちに対する誇り・愛着・共感にプラスの影響が強いのは、まちに対する評価の中でも「過ごしやすさ」「地域とのつながり」や「近隣環境の良さ」といったイメージであった。これは「過ごしやすさ」のようなイメージが強ければまちに対する愛着なども強くなる、という関係を示している。また、まちに対する愛着は継続居住意向に、誇り・共感は他者推奨意向にそれぞれ影響している。自分の住んでいるまちの過ごしやすさ、地域とのつながりが「愛着」を生み、それが「住み続けたい」という気持ちにつながっている、というシビックプライドの構造がみられる。

図５−５　2015年調査の結果から・東京圏全体のシビックプライド・モデル

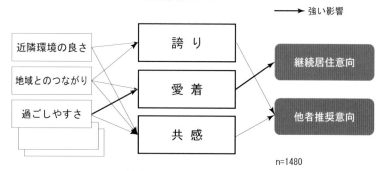

（出典：CANVASS REPORT 2017を基に作成（一部抜粋、簡略化））

　全体を対象としたモデルに対し、「人口増加エリアに長く住んでいる人」「人口増加エリアに最近住んだ人」[6]の２つの分類についての分析結果を紹介する。

　「人口増加エリア×旧住民」のモデルは、調査時点では人口が増加傾向にあった東京30キロ圏の自治体の中でも、特に新しい住民が増えているエリアに長く住んでいる人を対象としたものである。戸田市もこの「人口増加エリア」に分類される自治体であるが、こうした自治体では転入者が増える中で、新旧住民の融合がテーマの１つとなっているという。人口が増えているエリアに長く住んでいる人（旧住民）のシビックプライド構造モデルは次のようになる（**図５−**

---

(6) 人口増加の定義は、市区町村別2006年人口をベースに2016年の10年間での増加率を算出した（いずれも住民基本台帳ベース、1月1日付け）。便宜的に9％以上を増加率の高いエリア（人口増エリア）と定義。居住年数は調査項目からサンプルがほぼ均等になるバランスを勘案して、居住歴12年未満を居住歴の浅い「新住民」、居住歴30年以上を居住歴の長い「旧住民」として分類。

6)。全体モデルに比べると、「近隣環境の良さ」「地域とのつながり」「過ごしやすさ」など多くの項目が「誇り」「愛着」「共感」に強くプラスに働いており、人口増エリアの旧住民は様々な要素から強くシビックプライドを感じている、という関係性が見てとれる。一方で「民度の高さ・発展性」が「愛着」に対してマイナスに効いている**（図５－６・破線）**のが特徴的である。まちが便利に発展し、人口が増えていく（いろいろな人が転入してくる）ことはプラスばかりではなく、古くからの住民にとっては「自分のまち」という「愛着」の希薄化につながっている、といった解釈ができる。

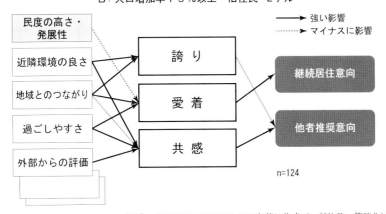

図５－６　人口増エリア・旧住民モデル

（出典：CANVASS REPORT 2017を基に作成（一部抜粋、簡略化））

「人口増加エリア×新住民」のモデルは、同じく人口増加エリアに比較的最近転入してきた人（新住民）だけを抜き出したものである**（図５－７）**。このモデルでは、「生活利便性」「地域とのつながり」への評価がシビックプライド、特に愛着に強く結び付いている。一方で、同じ人口増加エリアの住民でも、旧住民のモデルとは異なり「行政ビジョン・まちのシンボル」から「愛着」に対してマイナスの影響がみられた**（図５－７・破線）**。まちが大きく発展しているエリアでは、行政ビジョンといった行政側の取組はあまり響いておらず、まちそのものの利便性や地域とのつながりなど、民間や住民同士の取組が新住民のシビックプライドの醸成に影響しているという傾向がみられた。

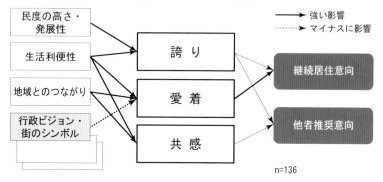

図5-7 人口増エリア・新住民モデル

(出典：CANVASS REPORT 2017を基に作成（一部抜粋、簡略化））

　人口増加エリアの分析結果をみると、新住民はまちの発展（利便性）などに期待して転入しているものの、その一方で旧住民は発展によってまちへの愛着が薄れる、という逆転現象も生じている。また、新旧住民ともに「地域とのつながり」が重要であり、それによってシビックプライドが高まるという関係も見られている。このような人口増エリアにおいては、行政自体のビジョンや直接的な情報発信よりも、いかに地域でのつながりを（新旧住民問わない形で）つくっていけるか、がポイントになるとも考えられる。

3　戸田市と読売広告社の共同研究

　読売広告社が2015年12月に実施した調査[7]の自治体シビックプライドランキング（**図5-8**）において、戸田市は「共感」評価で第1位、「誇り」「人に勧めたい」評価で第4位という非常に高い評価となった。上位には、住みたいまちとして人気の高い吉祥寺を含む武蔵野市、歴史遺跡が多く古都とも称される鎌倉市、平均所得が高く、高級物件も集中する港区などメジャーな自治体の名前が挙がる中、人口10万人規模、特別な観光資源も特産物もあまりなく、上位にランクインしている自治体と比べると知名度でも劣る「居住地型自治体」戸田市の結果は、驚きをもって迎えられた。

---

[7]　CANVASS－ACR調査（2015）東京50キロ圏　訪問による調査対象者説得、電子調査票による調査

図5-8 CANVASS-ACR シビックプライドランキング（2015）

愛着
1	東京都	武蔵野市
2	東京都	渋谷区
3	千葉県	習志野市
3	埼玉県	さいたま市 緑区
5	神奈川県	鎌倉市
6	埼玉県	新座市
7	東京都	調布市
8	埼玉県	さいたま市 北区
9	東京都	中野区
9	神奈川県	川崎市 中原区

共感
1	埼玉県	戸田市
2	東京都	武蔵野市
3	神奈川県	横浜市 都筑区
4	神奈川県	横浜市 金沢区
5	東京都	調布市
6	東京都	杉並区
7	東京都	府中市
8	東京都	港区
9	東京都	世田谷区
10	埼玉県	さいたま市 緑区

誇り
1	神奈川県	鎌倉市
2	東京都	武蔵野市
3	神奈川県	藤沢市
4	埼玉県	戸田市
5	神奈川県	横浜市 都筑区
6	神奈川県	横浜市 金沢区
7	東京都	港区
8	神奈川県	茅ヶ崎市
9	神奈川県	横浜市 中区
10	東京都	渋谷区

継続居住意向
1	東京都	港区
2	神奈川県	鎌倉市
3	東京都	渋谷区
4	埼玉県	東松山市
5	埼玉県	さいたま市 緑区
6	東京都	中野区
7	東京都	武蔵野市
8	神奈川県	川崎市 中原区
9	神奈川県	茅ヶ崎市
10	神奈川県	横浜市 青葉区

他者推奨意向
1	東京都	武蔵野市
2	神奈川県	横浜市 都筑区
3	東京都	北区
4	埼玉県	戸田市
5	東京都	中野区
6	東京都	品川区
7	神奈川県	横浜市 金沢区
8	東京都	目黒区
9	神奈川県	鎌倉市
10	東京都	小金井市

東京50キロ圏対象
91市区町村内での順位

（出典：読売広告社ニュースリリース）

　この調査発表を契機として、読売広告社と戸田市は、2018年1月25日に「シビックプライド領域における共同研究に関する協定書」を締結した。同協定では、「シビックプライド分野での共同研究により、社会に貢献し、地域社会の発展および市民サービスの向上に寄与する」ことが目的として記されている。

　共同研究の中で戸田市政策秘書室に対してヒアリングを行ったところ、調査当時（2015年）は「市制施行50周年」の前年に当たり、多くの活動が行われていた時期であることが分かった。市制施行50周年事業は、「市民はキャスト」を合言葉に多数の市民が予算編成も含めた運営まで参画し、キャッチコピーやロゴマークの公募など、様々な形での市民参加型協同イベントとして推進されていたという。

　その他、「共感」を軸とした市民向けのまち情報共有スマートフォンアプリの開発や、市民向けの施設である「児童センターこどもの国」リニューアル、「さくらパル」「あいパル」開設など、ソフト・ハード両面で充実していた時期であり、まち全体のにぎわいが非常に高まっていたという。

　また、2014、2015年の住みよさランキング（東洋経済）では快適度が全国第

4位となっており、そうした情報が建築中のマンションの外壁（目隠し）に大きく告知されるなど、住民が外からの評価の高まりを自覚できるような要素もあった。

　本章のこれまでの分析にあるように、戸田市のような「人口増エリア」では新旧住民ともに「地域のつながり」がシビックプライド醸成に重要だとされている（**図5－6・5－7**）。2015年当時の戸田市は、定住促進の施策や施設開設、そしてイベントの開催など様々なアプローチを行っており、それが従来からの住民と転入してきた（若い）家族の双方に伝わることで、まち全体のシビックプライド（特に共感）が非常に高まっていたのではないか。戸田市は転出入人口が年間約2万人と極めて出入りが激しい自治体であるが、こうした周年事業などがこの時期の戸田市住民にうまくフィットし、地域のつながり形成に結び付いていたと考えられる。また、**図5－7**の分析にあるように、人口増エリアの新住民にとっては、「生活利便性」がシビックプライドに大きく影響する。戸田市に転入してきた住民にとっては、この時期に行われた公共施設の充実もプラスの効果があったと思われる。「外部評価」と関係のある旧住民のシビックプライドに対しては、「住みよさランキング」に代表される評価の高まりが影響したのではないだろうか。

　共同研究の中で、現在戸田市で行われている事業や催し物について、改めて洗い出したところ、2015年は特別な時期として様々なイベントが行われていたものの、以降は民間の活動や通常の催し物に委ねられているものが多かった。ネットワークのある旧住民はともかく、毎年戸田市に転入してくる新住民にとって、新たなつながりをつくっていく機会は限られているのではないか。2019年2月に開催されたワークショップ（「まちの未来をレゴでカタチにするワークショップ」）においても、居住歴の浅い新住民から「地域のつながり」を望む声があがっていた。

　また、これまでの研究の中で、同じ自治体に5年以上継続して居住するかどうかでシビックプライドに大きな違いが出てくるという傾向がみられている。転入してきた新住民を地域に取り込み、短期間で転出する住民を少しでも減らすような取組を継続しない限り、まち全体の意識（シビックプライド）を維持向上させることは難しい。

新旧住民のつながり、意識の差を踏まえた地域住民の関係づくり（地域のつながり）を自治体としてどのように構築、サポートしていけるのか。戸田市との共同研究においては、読売広告社が2018年に実施した最新のシビックプライド・リサーチの結果[8]も活用しながら、今後も検討を行っていく。

---

(8)　シビックプライド・リサーチ2018は、関東（1都6県）及び関西（2府4県）の人口10万人以上の151自治体を対象として2018年3月に実施された。調査の詳細については、読売広告社ホームページ　http://www.yomiko.co.jp/のニュースリリース「シビックプライドランキング　2018（関東・関西）発表」を参照のこと。

第6章

「住民がつくるおしゃれなまち」に向けた戸田市・日本都市センターの共同研究
～戸田公園高台広場におけるイベント（実証実験）をきっかけとしたまちづくりの展開～

公益財団法人日本都市センター研究員　髙野裕作

1　はじめに　研究の経緯

(1)　日本都市センターについて

　公益財団法人日本都市センターは、全国市長会のシンクタンクとして全国の都市自治体の行政課題や政策に関する調査研究活動を主に行う団体である。近年では、地域公共交通・モビリティ政策、コミュニティ、子ども・子育て政策といった個別の政策課題、広域連携や公民連携、市役所事務機構といった自治体のガバナンスに関する課題、都市税財政に関する課題などについて、それぞれ調査研究を行っている。

　日本都市センターでは、上述のとおり地域の住民組織やコミュニティに関する研究の蓄積がなされている中、具体的なフィールドにおけるまちづくりを通じて実証的な研究を行うことの重要性を認識していた。一方で戸田市においても、景観計画などでまちづくりの目標として掲げる「おしゃれなまちづくり」を通じた自治体の魅力の向上、住民の定着のために、まちづくりに関する検討の必要性を感じていた。

　以上のような経緯によって両者のニーズが一致し、共同研究として2017年9月に「住民がつくるおしゃれなまち研究会」（座長：卯月盛夫　早稲田大学社会科学総合学術院教授、委員構成は**図表6－1**のとおり、以下「研究会」という。）が設置され、戸田市における今後のまちづくりの方向性について議論するとともに、それを普遍化して戸田市に類似した特性を持つ自治体のまちづくり、住民参加の在り方などについて知見を得ることを目的として、検討を開始した。

第6章 「住民がつくるおしゃれなまち」に向けた戸田市・日本都市センターの共同研究

図表6－1 「住民がつくるおしゃれなまち研究会」委員名簿

座　長	卯月　盛夫	早稲田大学社会科学総合学術院教授
委　員	岡田　智秀	日本大学理工学部まちづくり工学科教授
委　員	田中　里沙	事業構想大学院大学学長・教授
委　員	福井　恒明	法政大学デザイン工学部都市環境デザイン工学科教授
委　員	牧瀬　稔	関東学院大学法学部地域創生学科准教授
委　員	梶山　浩	戸田市　こども青少年部参事
委　員	石川　義憲	（公財）日本都市センター理事・研究室長

(2) 共同研究の目的・概要

　戸田市は利便性などの面で「選ばれる」条件を備え、多くの自治体で直面している人口減少、高齢化は当面は深刻な課題ではない。しかしながら、近年に急速に形成された都市であり、人口の流動が大きく（転入・転出ともに多い）、平均居住年数が短いことから住民の地域コミュニティとの関わりが希薄であることが課題とされている。一度戸田市に転入した人口の定着を促すためには、住民の地域に対する愛着や誇り（シビックプライド）を醸成することが求められ、そのための手段として「おしゃれ」というキーワードに代表される景観・公共空間の質・魅力の向上、イベントによる公共空間の活用を通じた地域に対する「参加・関与」の促進が課題として挙げられる。

　我が国全体としては人口減少傾向となり、公共空間・インフラ整備に関する財政支出が縮小傾向にある中で、景観まちづくりの在り方としては大きな投資を伴う新規の都市基盤整備によって「おしゃれ」「質の高い」都市景観の形成を目指すことは現実的ではなく、既存の公共空間の活用、リニューアル、リノベーションによって、潜在化していた空間の価値を顕在化させることが求められており、人口が増加傾向にある戸田市でもそれは同様である。特に戸田市の特性に関連が強い事例として、河川、道路、公園といった従来はその本来的な機能（河川であれば治水・利水・環境、道路であれば交通機能）に限定されてきた公共空間を、「民間の主体」が「占用的」に「営利目的」で利活用すること（いわゆる「オープン化」）が近年の法改正等によって可能になりつつあり、公園内のカフェ設置に代表されるような事例が、全国各地でみられるようになってき

た。これらの事例は、単に公共空間を「おしゃれ」な意匠によって再整備を行った、有名なカフェが出店したということにとどまらず、場所の運営・マネジメントにおける中間支援組織など、公民連携の在り方が重要な要素となっている。

本研究会では、特に戸田市において適用の可能性が高い河川・水辺の空間の利用、魅力の向上を題材として、先進事例の調査を行うとともに、戸田公園・高台広場におけるイベントを実証実験として実施した。これらの調査・実験等を通じて、今後の戸田市における「おしゃれ」なまちづくりに向けた課題を明らかにするとともに、全国の自治体の参考となる情報を発信することを目的としている。

本章では、前述の研究会における議論・調査の成果を踏まえ、特に2018年7月15日に戸田公園・高台広場にて実施したイベント「水辺で遊ぼう♪くらふとカーニバル」について、その過程、イベント中に実施した調査結果を中心に報告する。

2　共同研究における調査・議論

(1)　戸田市の景観・まちづくりの課題

戸田市では、「四季を彩るおしゃれな風景づくり」という目標を掲げ、景観法の制定以前から独自の計画・条例に基づいて、三軒協定など特色のある施策を含む景観まちづくりに取り組んでいる。景観法の公布（平成16年6月）を受け、平成17年5月には景観行政団体となり、平成21年4月に景観計画を策定し、現在の計画は平成28年4月に改定されたものである。戸田市全体の景観の特性について景観計画では、①自然に親しむ景観、②歴史・文化を感じる景観、③まち並みを楽しむ景観、④通りを楽しむ景観、⑤人の集まる景観、⑥景観を引き立てる要素・阻害する要素の6つの観点から現状を解説し、以下の5点の課題を挙げている。

①　四季を感じ心が和むよう、管理・活用も考えて、水と緑を活かした景観をつくること
②　戸田の顔となり市民が誇れる景観をつくること
③　市民に親しまれる魅力的な公共施設等の景観をつくること
④　まち並みに秩序を持たせ、美しい市街地景観をつくること

⑤　景観阻害要素を取り除き、まちの美化を進めること

　戸田市には荒川沿いを中心として自然と触れ合える空間、景観要素が多く、それが魅力の要因となっている一方、急速に市街地化が進んだため、まち並みのまとまりが乏しく、特に駅前の商業の集積、にぎわいに欠けるということは、景観計画にも記載され、また研究会での議論でも同様に課題として指摘されている。

(2)　研究会での議論・検討の過程

　研究会では、まちづくりや景観計画、デザインの専門家を中心に委員を委嘱し、その専門的立場から議論に参画いただいている。また、第2回研究会では東京理科大学の伊藤香織教授に「シビックプライド」に関して、第7回研究会では元国土交通省都市局公園緑地・景観課長の町田誠氏に「都市公園の利活用」に関して、それぞれ話題提供をいただいた。

　研究会に先立って戸田市職員と卯月座長を交えて実施したワークショップでは、現状として戸田市において景観まちづくりに活用し得る「おしゃれ」や「シビックプライド」が感じられる資源として、「彩湖・道満グリーンパーク」と「戸田公園・漕艇場」の2つの都市公園の存在が挙げられた。また、戸田市で開催される大小、新旧様々なイベントについても議論され、住民主体の活動として「朝市」や「アートむすび市」といったイベントが挙げられた（**図表6－2**）。

　また、市民の戸田市に対する意識・愛着と日常的な行動・ライフスタイルを把握することを目的として2018年1月に市民アンケート（20〜40代の市民3,000名に配布、1,084票の有効回答）を実施した。この調査の中で、市民が対外的に戸田市の誇りと感じていると考えられる「友人を案内したい場所」では、第1位に彩湖・道満グリーンパーク、第2位にボートコースとそれぞれ多く挙げられたのに対し（**図表6－3**）、休日に外出するお気に入りの場所としては、上位1位・2位はショッピングセンター、スーパーが挙げられ、彩湖・道満グリーンパークは3位にとどまるほか、ボートコースは上位10位にも挙げられなかった（**図表6－4**）。ボートコース及び競技は広く市民に認知され、市民の誇りの形成に寄与しているが、「行ったことがない、日常的に行かない」場所であることが明らかになった。

図表6－2　戸田市内で開催される主なイベント（ボート関連除く。）

イベント名	主催	場所
戸田橋花火大会	戸田橋花火大会実行委員会	荒川河川敷
戸田マラソン in 彩湖	戸田マラソン大会実行委員会	彩湖・道満グリーンパーク
市内商店会イルミネーション点灯	市内商店会	市内商店会
戸田ふるさと祭り	戸田ふるさと祭り実行委員会	ボートレース戸田
朝市（※3・6・9・12月の年4回）	戸田市朝市実行委員会	市役所、市役所周辺
こどもの国地域イルミネーション点灯	戸田中央総合病院、社会福祉法人さきたま会ほか	こどもの国、こどもの国周辺
キャンドルナイト in とだ	13万人のキャンドルナイト in とだ実行委員会	後谷公園・あいパルなど
商工祭	戸田市商工会	市役所、市役所通り、文化会館
アートむすび市 in 戸田	戸田マルシェ	あいパル
市民体育祭	戸田市民体育祭地区大会実行委員会	市内小・中学校
道満さんま祭り	（公財）戸田市水と緑の公社	彩湖・道満グリーンパーク
上戸田ゆめまつり	上戸田商店会	市役所、市役所通り
あいパルフェスタ		あいパル
後谷公園まちかど広場コンサート	市役所南通りの景観と文化を育む会	後谷公園
戸田市美術展覧会	戸田市美術展覧会実行委員会	文化会館

（出典：ワークショップでの議論を基に筆者作成）

図表6－3　市民アンケート「友人を案内したい場所」上位5位

上位5か所	全体（n=982） 回答数	全体（n=982） 割合	主な理由
彩湖・道満グリーンパーク	194	19.8%	自然が豊か、ＢＢＱができる、広い
ボートコース	155	15.8%	景色がきれい、戸田にしかない、有名
荒川（河川敷・土手）	69	7.0%	花火大会が見える、散歩にいい、四季折々で楽しめる
こどもの国	57	5.8%	駅から近い、子どもが遊べる、施設が充実している
花火大会	49	5.0%	戸田を代表するイベント、有名、満足してもらえる

（出典：市民アンケートを基に筆者作成）

図表6-4 休日に訪れるお気に入りの場所

市内　上位5か所	全体（n=1,780）	
	回答数	割合
イオン北戸田	450	25.3%
スーパー	203	11.4%
彩湖・道満グリーンパーク	124	7.0%
T-FRONTE	98	5.5%
飲食店	84	4.7%

(出典：市民アンケートを基に筆者作成)

　彩湖・道満グリーンパークの更なる活用の可能性や、後述する「マルシェ」による朝市や「アートむすび市」といったイベントなど、現状として魅力の向上に寄与している要素をより強化していく可能性もあるが、「水辺」ならではの空間の魅力を住民に体験してもらうこと、また、ボート競技に関心を持ち、さらにはボート競技関係者と市民との交流を図ることは、戸田市に特有の資源を活用したまちづくりに資すると考えられ、2018年2月に開催された第4回研究会において、高台公園でのイベントを実施できないか提案がなされた。その提案を受けた戸田市政策秘書室が、公園管理者に利用申請をしたところ、2018年7月15日の開催が可能となったものである。

3　イベント実施に至る経緯・検討過程

(1)　高台公園の概要・企画の主旨

　今回イベントを実施する戸田公園高台広場（以下「高台公園」という。）は、ボート競技大会が開催される際の観客席に接しており、ボートコースの水面を見渡すことができる。園地内は高木、低木がまばらに植えられ、少数の健康遊具とベンチが設置されているほか、1964年の東京オリンピックで使用された聖火台が置かれている。日常的には近隣の旭ヶ丘町会を中心とした住民の憩いの場となっているほか、ボート競技大会が開催されるときには観戦や選手・関係者の休憩場所として利用されている。

　高台公園の底地の所有者は市であるものの、管理が県の公園課であること、

戸田公園全体の本来的な利用目的がボート競技であることなどから、これまで公園空間のイベント活用などは行われてこなかった。

　ボート競技は市民にとって認知されているにもかかわらず、前述の市民アンケートのとおり高台公園の立地はボートコース（水面）を隔てて市街地から離れており、他に周囲には目的地となるような施設なども存在しないため、日常的に訪れることがない場所となっている。しかしながら、ボートコースの開放的な景観など、場所の魅力を高めるポテンシャルは高く、多くの市民の方々に訪れてもらうきっかけをつくること、ボート競技を観戦してもらい、ボート関係者と市民との交流を深めることを目的として、イベントを企画することとなった。この目的を達成するために、「住民主体のイベント（マルシェ）」、「ボート競技の観戦」、「ボート競技関係者との交流」を主なイベントのコンテンツとすることを大方針として、研究会事務局（日本都市センター・戸田市）は関係各所との調整を行った。

(2) 戸田マルシェ

　イベントの実施に当たり、その主たるコンテンツの企画は従前から戸田市内で朝市などのイベントを実施・運営してきた団体である「戸田マルシェ」に依頼した。これは市民による自主的な活動であり、手作り工芸品の物販やワークショップ、クラフトビールなどを中心とした飲食が主な出展物であり、特に「アートむすび市」というイベントでは各種音楽・ダンスといったステージでの催しも要素として加わる。これまでのイベントを通じて出店者、参加者の間で一定の関係性が築かれつつあった。

　これまで開催されてきた朝市などのイベントは、市街地内の広場・公共施設（市役所前・あいパルなど）を会場として一定の集客・盛り上がりを収めていたが、企画者の戸田マルシェの中心メンバーである今村仁美氏らは、以前からボートコース沿いの景観の魅力を感じ、高台公園を利用したイベントを行いたいという意向を持っていた。当公園のイベント利用の申請は、これまで民間の団体に対して許可されておらず、今回は研究会における調査の一環として戸田市が申請者となったことから、実現に至ったものである。

　「戸田マルシェ」は、出店者の募集・選定及び出店者間の調整、店舗の配置

の検討、ステージの設営及び運営、記録等に必要な人員の手配、SNSを通じたイベントの告知などを行っている。

(3)　ボート競技者

　ボートコース周囲は、大学や実業団の漕艇部・チームの艇庫が設置されており、選手・部員は基本的にそこで合宿生活を行いながら学校・会社に通学・通勤するという生活スタイルを持つ、特異な地域である。彼らの生活は競技中心であり、戸田市に住民票を置いているものの行政・地域住民との交流などは乏しく、いわば独立した「ボート村」の様相を呈している。

　2020年の東京オリンピック・パラリンピックにおいて戸田ボートコースは競技会場ではないが、オリ・パラに関連付けた競技の普及と、今後競技を続けていくことの意義・モチベーションを向上させることを模索する有志のボート競技者・指導者がおり、その中心人物として、中央大学OBで現在は中央大学ボート部戦略マネージャーを務める村井晋平氏が2017年末頃から企画を検討し始めた。

　時系列的には、「研究会」にて公園を活用するイベントを行うことが提案され、戸田市が公園管理事務所と交渉を行ってイベントの日程が確定する前より、村井氏の発案によって中央大学漕艇部名義にて2018年7月15日は「タイムトライアル」としてボートコース水面の占用利用が申請されていた。この「タイムトライアル」は単に練習の一環としての記録会ではなく、また全日本選手権や大学選手権などボート協会が主催する大会とも異なり、従来とは異なる人々（主に地域住民）に競技を見てもらう、知ってもらうことをねらいとして行うもので、「研究会」とは全く無関係に企画が進められていたものであった。

　通常のボート競技は2,000m（一部は1,000m）の距離で争われ、競技時間に対して観客が漕手を観ることができる時間が限られるなど、一般の観客がボートの魅力を感じることが難しい構造となっている。村井氏らはこうした競技の魅力を伝える工夫として、レースの距離を500mに短縮し観客席からテンポよく観戦して魅力を感じられる構成としたほか、実況アナウンスやBGMを流すなど、盛り上がりが感じられるようにしたり、後述のように艇庫巡りやボート試乗体験など来場者と競技者の交流を行うことを検討していた。また、運営につ

いては、競技団体に依存しない従来とは異なる大会運営の在り方を模索して、冠スポンサーを募ってコース使用に係る費用を賄う方法をとり、各大学漕艇部のマネージャーやOB・OGを中心に企画を進めた。

　このように、研究会・マルシェと村井氏らのレガッタは当初は全く別個の動きとして企画・検討が進められていたが、別の側面からみれば、研究会・マルシェがイベントを行うための公園利用申請は、全日本選手権など大規模な大会が行われる日程では不可能であったが、全く新しい企画によって水面の利用が申請されていた日程であったために申請が許可され、同日に行われることになったものである。

　研究会・マルシェ側としては水面で模擬レースのようなものを行ったり、ボート部員との交流をしたいと考えていたし、ボート関係者側でも多くの人に観戦してもらえるよう、公園に集客するためのコンテンツを求めており、双方の企画主旨を確認しながら、実施に向けた連絡・調整が進められた。

(4)　研究会・事務局の関与

　研究会・事務局では、日本都市センターが主に当日の調査に係る検討・調整を、戸田市役所が関係各所の連絡・調整を行った。イベントの具体的な企画・運営は「戸田マルシェ」に依頼し、イベントに係る経費は調査の一環という趣旨から、出店者から徴収する参加費を差し引いた額を研究会から委託費という形で支出している。「戸田マルシェ」への企画運営委託に当たり、ボートコースへの眺望を妨げない店舗の配置にすることなどを要望したほか、レガッタとステージイベントとの時間調整などを行った。

　来場者（市民）に対するアンケート調査は、「マルシェ」における飲食・物販・ステージイベントに対する感想等だけでなく、ボートコースを含む戸田公園全体に対する印象や競技に対する関心をどのように持つのかを調査することも目的としており、ボート試乗体験や艇庫巡りなどの水上・陸上での交流企画の実施に当たって村井氏に協力を求めることとなった。村井氏との連絡・打合せを重ねる中で、前述のようなボート競技者側の意図を把握し、艇庫の開放・スタンプラリーを行うこととなったほか、マルシェ会場にて子どもとの交流のための水かけ遊びにもボート部員がボランティアとして参加することとなった。

4 実証実験における調査

(1) イベント当日の概要

　2018年7月15日（日）の13〜19時に開催された本イベントは、戸田市・研究会が主催する「水辺で遊ぼう♪くらふとカーニバル〜 in 東京1964オリンピックボート会場戸田ボートコース」（以下「くらふとカーニバル」という。）と、Sprint Regatta実行委員会が主催する「ABeam Consulting Sprint Regatta」（以下「レガッタ」という。）(注)とが同時開催という形式で実施された。

　くらふとカーニバルに出店した店舗は、飲食、物販、ワークショップ等、合計35軒であり、これらは戸田マルシェによって募集された。また、15時以降には簡易ステージ上にて音楽やダンスなどが公演された。

　レガッタは、レースが13時から15時にかけて行われ、優勝チームへの表彰は15時30分から行われた。レースに参加した学生は216名、また、レース運営のスタッフ、マルシェと連携した水かけイベント、スタンプラリーへの協力者として117名の学生及び卒業生が参加した。

　イベント全体としては約2,000人の来場者があった。その内訳は後述のとおり戸田市民が多かったが、SNSを通じてマルシェのイベントに来場した市外在住者、大学ボート部のOB・OGのほか、レガッタのスポンサー企業の関係者なども一定数あり、くらふとカーニバル、レガッタ相互に参加、鑑賞する人が多い

写真6－1　イベントの開催状況

（注）　総合コンサルティング企業であるアビームコンサルティング（ABeam Consulting）株式会社が、ボート部所属の大学生への認知度向上・リクルートなどの名目で村井氏らの企画に賛同し、冠スポンサーとなった。

ように見受けられた。

(2) 調査結果

本イベントに当たっては、来場者、出店者、ボート関係者の3つの属性の集団に対して、それぞれにヒアリング・アンケート調査を実施した。

① 来場者アンケート

来場者に対する調査は、個人単位ではなくグループ単位で、時間帯ごとに一定数のグループを無作為に抽出し、対面式アンケートの形で調査を行い、総勢101組（308名）から回答が得られた。回答者の居住地は、**図表6-5**のとおりである。

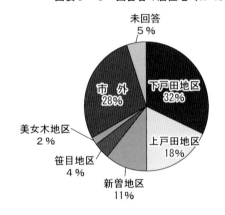

図表6-5 回答者の居住地（n=101）

ボートコース近傍の下戸田・上戸田地区からの来場者が約半数を占めていることから、高台公園・ボートコースへの来場経験がない人は約20%にとどまり、月に一度来場する、毎週来場する人を合わせると約30%になったほか、全体の約半数はボート競技観戦の経験があるなど、比較的高台公園になじみのある層が多く来場した傾向が見られる。

イベントのコンテンツに対する評価では、飲食物販売（48組）、水かけ遊び（31組）、レガッタ観戦（20組）、ステージ（19組）といった内容への評価が高く、今後のイベントの開催については96%が「希望する」と回答し、またそのうち60%が戸田公園での開催を希望している。今回のイベントでは、前半（13時～

15時)にレガッタ、後半(15時〜18時)にステージを実施しており、滞在時間は長くて2時間程度であったことから、レガッタ、ステージ両方を体験した来場者は多くなく、それぞれが事前にイベントタイムテーブルを把握し、希望のコンテンツに合わせて来場したという実態も読み取れ、それぞれの時間帯でそれらを体験した人たちの満足度は高かったことがうかがえる。

② 出店者アンケート

くらふとカーニバルに出店した全35店舗のうち、繁忙で対応できなかった店舗を除いて27軒の店舗出店者に対して対面式アンケートの形式で調査を行った。

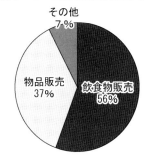

図表6−6　回答者の出店形態(n=27)

今後、高台公園でイベントが開催されるとした場合、また出店したいかという問いに対しては、全ての出店者が希望しており、高台公園のイベントが求められている一方で、レガッタとの併催については評価が分かれた。

来場者が多く、また大学生を中心に若い人が多いことから活気があることについては好評価であったのに対し、あくまで別イベントの併催であることから「イベントの主旨が分かりづらい」、「リンクが不足している」、「業務が手いっぱいで学生と交流ができなかった」という声も聞かれた。

③ ボート関係者アンケート・ヒアリング

競技及びイベントスタッフとして参加した大学ボート部員に対して、回答用紙を大学ごとにまとめて配布し、後日郵送にて回収した。レガッタの選手・ボランティアとして参加した総勢333名のうち、116名から回答を得た。

回答者のうち96%が今後の高台公園でのイベントの開催を希望し、また、91%

が何らかの形での「参加」を希望している。参加を希望しない理由としては、本来の競技大会の日程との兼ね合いで負担になることなどが挙げられており、当日が猛暑であったことも合わせると適切な開催時期の検討が必要であろう。その他は「エンターテインメントとして」、「市民・家族連れとの交流」、「ボートを知ってほしい」というイベントの趣旨に沿った理由で開催・参加を希望しており、レガッタの継続的な開催が望まれている。

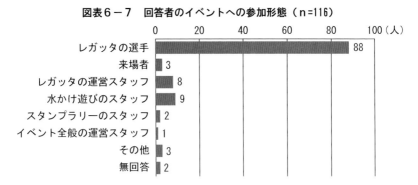

図表6－7　回答者のイベントへの参加形態（n=116）

5　考察

(1)　イベントの継続的な実施のための課題

　イベント自体は盛況に終わり、来場者、出店者、ボート関係者のいずれも、高台公園にて同様のイベントをもう一度、更には継続的に開催したい旨の意向が強いことから、この場所の価値を顕在化させ、市民の認識を高めるという意味で一定の成果があったものと評価できる。高台公園は立地特性として市街地から遠く、何らかの目的がなければ日常的に訪れることがないため、行事の開催は今後の利活用に必須と考えられる。

　一方で、今回のイベントは「研究会」の実証実験という位置付けによって実施されたもので、全く同様のプロセスで実施することは難しいことも明らかである。以下、高台公園におけるイベントを継続するという前提に立った課題を列挙する。

　くらふとカーニバルの開催に係る財政面では、経費のうち出店料によって賄えない部分は研究会から委託費として支出されたが、研究会が今年度限りであり、次年度以降の補助の担保がないことから、主催団体による自立的な財政基

盤の確立が求められる。

　レガッタの実施に当たっては、今回は村井氏を中心とした有志による熱意で、手探りの中で実現したという経緯があることから、この運営を現役のボート部員学生を中心としたシステムとして構築することが課題である。レガッタ実施のための費用では、水面を占用的に利用するための使用料が高額であったが、イベント趣旨に賛同するスポンサーを得たことで今回は賄うことができた。村井氏によれば、スポンサー企業は今後も同様のイベントを支援したいとの意向を示しているとのことであり、レガッタ継続の財政的な課題は小さいと考えられる。

　また、コンテンツとしてレガッタとマルシェを同時開催すること自体についても、その内容の検討は必要であると思われる。調査の結果、当日は猛暑でもあり、飲食関係の出店者からは売り上げ、雰囲気ともに相乗効果があり満足度が高い意見が寄せられたが、主に手作り工芸品を中心とした出店者からは、レガッタとマルシェの一体感が小さく、工芸品の売り上げも芳しくなかったとの意見が出されている。今回は当初別個のイベントとして企画が始まり、両者が顔を合わせて打合せ・検討をする機会は少なかったため、クラフト・ワークショップを中心としたいわば「文化系」の活動と、「体育会系」のボート部の活動・レガッタの観戦という2つの異なるコンセプトをどのように交流させるかについて十分に議論を行うことはできなかった。イベントを一体的に運営する上で、各主体が「やりたい」と考えるコンセプトについてどのように調整を図っていくのかが、今後継続的にイベントを実施していく上で課題であるといえる。

　マルシェもレガッタも、それぞれの関係者は本来の業務の合間を縫って有志の活動として今回のイベントに手探りの中で関与した。また、戸田市全体のまちづくり活動から見れば、高台公園のイベントによる活用は一部でしかなく、7月以降も戸田マルシェが企画・運営に関わるイベントは戸田市内各所で開催され、SNSを通じて情報発信が続けられているほか、ボートコースでは毎週のように大小の競技大会が開催されている。今後の持続的な活動、また、一体的な活動を実現していくためには、戸田市全体のまちづくり・市民活動を見渡しコーディネートできる組織、あるいはプラットフォームが必要と考えられる。

(2) 日常的な利活用の可能性・まちづくりへの展開

　実証実験におけるアンケートでは、来場者・出店者・ボート関係者それぞれに「高台公園が日常的に使われるために必要なもの」を自由回答で質問している。その回答は、来場者とボート関係者それぞれが共通して第1位に飲食施設、第2位にカフェが多く挙げられた。「飲食施設」と「カフェ」の定義は回答者それぞれに依存するため厳密にその差異についてはここでは議論しないが、仮に飲食施設を置くとした場合、常設的に設置することは立地環境から商業的に難しいことが予測され、今回のイベントのように移動販売車等による仮設的な機能配置が現実的と見られる。また、「日常的」という設問趣旨にやや反するが、第3位には「イベント」が挙げられており、このことからも高台公園はイベントの場としてのポテンシャルが高いものの、逆に日常的に高台公園に人が訪れてにぎわうことが難しいことを、今回のイベント・調査は示唆していると考えられる。

　高台公園から視野を広げて戸田公園・ボートコース全体に目を向けると、ボート関係者は水質の浄化、特に藻の繁茂を現実的な課題として挙げている。ボートコースの水質はかねてからの課題であり、戸田市ではイケチョウガイを使った浄化に取り組んでおり改善傾向が見られるが、現在は藻の繁茂によって競技に支障が出ることもあり、競技者による自助的な対策は限界に近くなっている。

　そのためには、市民を巻き込む形で水質浄化、藻対策を行うことが必要であり、市民の関心をボートコース・水面に向けるきっかけとして、時間・場所を限定して市民の活動にボートコースを活用することを検討しても良いのではないだろうかと、村井氏は考えている。具体的には、近年各地で行われているＳＵＰ（Stand Up Paddleboard）などの水上レクリエーションを通じて、市民がボート競技以外の形で水面に触れ合う機会を持つことや、水上に台船を設置してコンサートを行うなど、水に触れ合う、水上に目線を向ける方策が考えられる。

　全てのボート関係者が共通の思いを持っているとも限らないが、イベント後の村井氏に対するヒアリングでは個人の見解として、戸田ボートコースはボート競技専用の水面として整備され、「ボートの聖地」と言われるが、市民によるボート以外の水面利用を全く排除するものではなく、市民に開放することも検

討すべきではないかとも述べられた。

　今回のようなイベントを継続的に実施し、市民とボート関係者との交流やイベント運営の仕組みなどが確立されていくことで、より魅力的な空間の利用、さらには根本的な水質の改善などに結び付くことが期待される。

（注）　本稿は下記の文献を基に加筆・修正を行い再構成したものである。
　　　髙野裕作「イベントを通じた水辺公共空間の価値の再発見と利活用の検討　「実証実験：水辺で遊ぼう♪くらふとカーニバル」の実施に至る経緯と調査結果の報告」、「住民がつくる「おしゃれなまち」－近郊都市におけるシビックプライドの醸成－」、日本都市センター・戸田市、2019

おわりに

　2008年に自治体シンクタンクとして「戸田市政策研究所」を設置してから10年を迎えることができました。初めての取組の中、今日まで進めてこられたのも、ひとえにいろいろな方のご支援ご協力の賜物と感謝いたします。

　地方自治体自身の責任と判断で自立した経営を行っていかなければならない状況下において、市民満足度の高い政策を実践するためには政策形成力の向上が不可欠であるとして、政策研究所をスタートさせ、これまで調査研究をはじめとして様々な取組を行ってまいりました。詳しくは本書でご紹介しているところですが、読者の皆様は、お読みになってどのように感じたでしょうか。

　この間、『政策開発の手法と実践』、『選ばれる自治体の条件』という2冊の図書を出版させていただき、また、多くの方々が視察に訪れていただくなど、政策研究所の活動が広く知られるとともに、本書も含めて、皆様の参考になっているとすれば幸いです。

　自治体が何かをするとき、目的やどのように取り組むのかと同じように、若しくはそれ以上に、どうだったかという成果（効果）が当然求められます。

　この政策研究所の目指すべきところは、市役所全体の政策形成力の向上でありますが、その成果について明確に示すことは非常に難しいことであると思います。

　調査研究の数や研究内容が政策に反映されたもの、前述の図書出版など目に見えるもので一定の成果もあげられますが、それとは別に大切なこととして職員一人ひとりの意識の醸成が着実に育まれてきていると感じるところです。

　いまだ全国的には人口減少が進んでいる中、この間においても戸田市では人口増加が続いています。現在は、待機児童対策をはじめとして、その他都市部ならではの問題が生じていますが、いずれ人口減少、急速な高齢化を迎えることとなります。これからも変化が激しく予測が困難な時代が続くと思われ、新たな課題が生じることや、地域の実情により直面する課題がそれぞれ違うなど、引き続き、行政を取り巻く環境は厳しい状況にあります。

　今後とも、時代の変化に即した市民満足度の高い政策を実践するため、10年

の節目で改めて政策研究所設置の趣旨を見つめなおし、これまで積み上げてきたものを伸ばし、加えて新たな段階としてどのような形で進めていくのか、本書をお読みになった皆様方のご意見もいただきながら、取り組んでまいりたいと思います。

　最後に、ご多忙の中ご執筆いただいた皆様方、出版にご尽力いただきました東京法令出版株式会社の皆様方に、この場をお借りして心より御礼を申し上げます。

　2019年3月

　　　　　　　　　　　　　　　戸田市政策研究所長　秋山　純

編著者紹介

牧瀬　稔（まきせ　みのる）
第Ⅰ部

法政大学大学院修了。横須賀市役所、（一財）地域開発研究所を経て、関東学院大学法学部地域創生学科准教授。東京大学高齢社会研究機構客員研究員等も兼ねる。専門は自治体政策学、地域政策、行政学で、市区町村のまちづくりや政策形成に広くかかわっている。
URL　http://www.makise.biz/

戸田市政策研究所
第Ⅱ部第1章・第2章

戸田市全体の政策形成力向上を目的として、2008年4月に設置された埼玉県内初の自治体シンクタンク。市政に関する徹底した「調査研究」はもちろんのこと、職員一人ひとりの政策形成能力の向上を目指した「政策支援」にも取り組んでいる。著書に『政策開発の手法と実践』『選ばれる自治体の条件』（東京法令出版）などがある。

戸田市教育委員会
第Ⅱ部第3章

教育長、教育委員4名、事務局職員65名（うち指導主事15名）で構成。変化の激しいこれからの時代を生き抜くために必要な力である「ＡＩでは代替できない力」と「ＡＩを使いこなす力」を育むため、累計70を超える産官学民との連携による様々な教育改革に取り組む。全国に先駆けた新たな取組が注目され、年間100名以上の視察者が訪れる。

高久　聡司（たかく　さとし）
第Ⅲ部第4章

目白大学社会学部地域社会学科専任講師（博士（学術））。専門：社会学（特に都市・文化・観光まちづくり関連領域）。主な著書に『子どものいない校庭：都市戦略にゆらぐ学校空間』（勁草書房、2014年）等がある。戸田市には、市民大学講師（2015年〜）政策研究所・目白大学共同研究担当者（2013年〜）として関与。

大西　律子（おおにし　りつこ）
第Ⅲ部第4章

目白大学社会学部地域社会学科教授（博士（工学））。専門：社会工学・地域計画学。民間シンクタンクで地域計画・政策支援の基礎調査・研究・コンサルティング活動を経て現職。日本観光研究学会副会長、（一社）地域力発掘サポートネット理事等兼務。戸田市には、市民大学講師（2013年〜）、政策研究所・目白大共同研究リーダー（2016年〜）として関与。

上野　昭彦（うえの　あきひこ）
第Ⅲ部第5章
株式会社読売広告社　R＆D局局長代理
ひとまちみらい研究センター　プロデューサー
1966年生まれ。1989年中央大学法学部卒業後、読売広告社入社。情報システム、マーケティング局を経て、1999年から研究開発部門。主に高感度層やシニアなど生活者の調査研究に携わり、執筆に『ヒットのキーマンは聞き耳層！』（宣伝会議・2014〜15年連載）など。現在はシビックプライドに関する自治体との共同研究やワークショップ、講演などを行い、地方自治体とともに地域の課題解決に取り組んでいる。

髙野　裕作（たかの　ゆうさく）
第Ⅲ部第6章
公益財団法人日本都市センター研究員
早稲田大学大学院創造理工学研究科建設工学専攻博士後期課程単位取得退学（2013年）。専門：都市計画・景観工学・公共交通政策。早稲田大学創造理工学部社会環境工学科助手などを経て、2016年より現職。主な著書・論文に、『都市自治体による持続可能なモビリティ政策－まちづくり・公共交通・ＩＣＴ－』（共著、日本都市センター、2018）など。

共感される政策をデザインする
－公民連携による戸田市の政策づくりと教育改革－

平成31年3月29日　初　版　発　行

編著者　牧　瀬　　　稔
　　　　戸田市政策研究所
　　　　戸田市教育委員会
発行者　星　沢　卓　也
発行所　東京法令出版株式会社

112-0002	東京都文京区小石川5丁目17番3号	03(5803)3304
534-0024	大阪市都島区東野田町1丁目17番12号	06(6355)5226
062-0902	札幌市豊平区豊平2条5丁目1番27号	011(822)8811
980-0012	仙台市青葉区錦町1丁目1番10号	022(216)5871
460-0003	名古屋市中区錦1丁目6番34号	052(218)5552
730-0005	広島市中区西白島町11番9号	082(212)0888
810-0011	福岡市中央区高砂2丁目13番22号	092(533)1588
380-8688	長野市南千歳町1005番地	

〔営業〕TEL 026(224)5411　FAX 026(224)5419
〔編集〕TEL 026(224)5412　FAX 026(224)5439
https://www.tokyo-horei.co.jp/

© Printed in Japan, 2019
　本書の全部又は一部の複写、複製及び磁気又は光記録媒体への入力等は、著作権法上での例外を除き禁じられています。これらの許諾については、当社までご照会ください。
　落丁本・乱丁本はお取替えいたします。
ISBN978-4-8090-4074-0